松本曜先生近影

認知言語学の羽ばたき

実証性の高い言語研究を目指して

認知言語学の羽ばたき

実証性の高い言語研究を目指して

松本曜教授還暦記念論文集刊行会

開拓社

ま　え　が　き

　本書は，2020 年 1 月に還暦を迎えられる，松本曜教授をお祝いするために編纂された論文集である．明治学院大学，神戸大学時代に松本先生に直接指導を受けた学生を中心に，先生と研究上密接な関係にある研究者を含む，12 組16 名による論考が収められている．松本先生の広範なご活躍を反映して幅広い論文が出揃い，内容に応じて第 I 部「空間移動表現」，第 II 部「フレーム意味論・構文文法」，第 III 部「メタファー・メトニミー」に振り分け，論文を配列した．以上に加えて，先生の履歴・業績一覧と先生ご自身による巻頭言を収録している．

　松本先生は常に客観的な証拠に基づく精緻な研究を進めてこられ，認知言語学の領域内では比較的早い時期から，実験やコーパスを用いた研究を行ってこられた．本書の副題が「実証性の高い言語研究を目指して」となった所以である．また，移動表現の類型論プロジェクトでは，国内外の多くの言語学者や心理学者をまとめ，活発な学際的連携を実現されている．

　個人の研究プロジェクト以外でも，2003 年に第 4 回日本認知言語学会，2015 年には関西言語学会で開催校委員会をまとめられ，さらに，2019 年には第 15 回国際認知言語学会（International Cognitive Linguistics Conference）を主催された．また，松本先生は明治学院時代，神戸大学時代，国立国語研究所時代に渡って，認知言語学を中心とする研究会を行っており，大学や所属機関の垣根を越えた風通しの良い学びの場を築いてこられた．このように，先生は国内外の学問や学会の発展に大きく貢献していらっしゃった．

　教育者としても，松本先生は多くの学生の道を照らしてこられた．松本先生の論理的でありながら柔軟で幅広いコメントにより，認知言語学だけでなく生成文法や音韻論を学ぶ学生までもが，何度となく重要な軌道修正を経験した．多くの学生がコーパスや実験を用いた挑戦的な研究に取り組んでいるのも，実証性にこだわる先生あっての伝統である．教育へのご尽力は学内にとどまらず，2005 年に自身のホームページで公開された「言語学における卒業論文執筆の手引き」および「言語学における修士論文・博士論文執筆の手引き」は広く読まれている．松本先生を慕って，他大学から松本先生の講義を聴講に来る学生も多く，何を隠そう編者の 1 人は，明治学院大学時代の研究会メンバー

vi

で，先生を追って関西へと移り住んだ筋金入りであるし，もう1人は他大学で学びながら学部の早い時期から先生の講義に通い詰め，やがて正式な教え子となったという一途なファンである．

　松本先生はとにかくきめ細かく，面倒見の良い指導で知られ，「研究相談で研究室を訪ねたら，2～3時間して『ようやく面白くなってきたぞ』と論文の大手術が始まった」とか「ゼミ発表の際，先行研究について曖昧な部分があり，内容に入る前にゼミの時間が終わってしまった」，あるいは「夜中の2時にメールで繰り返し論文指導を受けた」などは，松本先生の学生なら共有できるエピソードだろう．

　研究以外の面では，松本先生は極めて気さくであり，しばしば院生室やコモンルームにいらっしゃっては，先生がこよなく愛する鳥や（本書のタイトルはここから），アメリカでの生活，海外の書籍，学会事情などについて，お話をしてくださったものである．論文で行き詰まった時など，先生のお話で気分が和み，再び研究の活力が湧いてきたことを思い出す．私たちが大学院を出てからも，研究や進路について気にかけて下さっており，その都度有難さを実感する．

　本書の完成までに多くの方々からご協力をいただいた．記して御礼を申し上げたい．論文執筆者には，製作費の一部についてご協力賜った．出版事情の厳しい中，記念論文集の出版を引き受けて下さった開拓社，特に，企画の段階からご協力と助言を下さった川田賢氏に御礼を申し上げたい．

　最後に，本論文集を敬愛する松本先生に，心からの感謝を込めて捧げる．本論文集が，厳しい先生のご期待に沿うものであることを祈りたい．

2019年12月

松本曜教授還暦記念論文集刊行会

當野能之・鈴木幸平・秋田喜美・森下裕三

松本曜教授　履歴

1960 年 1 月　北海道札幌市生まれ

【学位】
Ph.D.（言語学）（スタンフォード大学，1992 年）

【学歴】
1978 年 3 月　北海道立札幌南高等学校卒業
1983 年 3 月　上智大学外国語学部英語学科卒業
1985 年 3 月　上智大学外国語学研究科博士課程前期課程修了
1992 年 11 月　スタンフォード大学言語学科博士課程修了

【職歴】
1992 年 4 月　東京基督教大学神学部専任講師（～ 1995 年 3 月）
1995 年 4 月　明治学院大学文学部英文学科専任講師（～ 1996 年 3 月）
1996 年 4 月　明治学院大学文学部英文学科助教授（～ 2002 年 3 月）
2000 年 8 月　米国スタンフォード大学客員研究員（～ 2001 年 8 月）
2001 年 8 月　米国ホープカレッジ交換教授（～ 2002 年 3 月）
2002 年 4 月　明治学院大学文学部英文学科教授（～ 2004 年 3 月）
2004 年 4 月　神戸大学文学部教授（～ 2007 年 3 月）
2007 年 4 月　神戸大学人文学研究科教授（～ 2017 年 9 月）
2017 年 10 月　国立国語研究所理論対照研究領域教授（～現在）

【専門領域】
・意味論，形態論，統語論，語用論，言語類型論
・特に動詞意味論（移動動詞，状態変化動詞，使役動詞など），語の意味論（多義性，意味関係など），さらに聖書翻訳の意味論

【所属学会】
日本言語学会，日本英語学会，日本認知言語学会，関西言語学会，国際認知言

語学会

【学会等の役員・委員】

国際認知言語学会編集委員（1999 年〜 2005 年）

日本認知言語学会運営委員（2000 年〜 2005 年）

日本英語学会編集委員（2001 年〜 2005 年）

関西言語学会運営委員（2004 年〜 2019 年）

日本言語学会編集委員（2006 年〜 2012 年）

日本認知言語学会理事（2006 年〜 2012 年）

新日本聖書刊行会翻訳編集委員会日本語主任（2013 年〜現在）

日本英語学会理事（2014 年〜 2018 年）

日本言語学会評議員（2014 年〜現在）

国際認知言語学会理事（2017 年〜現在）

松本曜教授　業績

1.　著書など

1. (1985) *Japanese Numeral Classifiers: Their Structure and Acquisition*, Master's thesis, Sophia University.
2. (1992) *On the Wordhood of Complex Predicates in Japanese*, Doctoral dissertation, Stanford University.
3. (1995)（池上嘉彦氏・米山三明氏・西村義樹氏・友澤宏隆氏と共訳）シドニー=グリーンバウム・ランドルフ=クワーク（著）『現代英語文法〈大学編〉』紀伊國屋書店，東京.
4. (1996) *Complex Predicates in Japanese: A Syntactic and Semantic Study of the Notion 'Word,'* CSLI Publications, Stanford, CA/Kurosio Publishers, Tokyo.
5. (1997)（田中茂範氏と共著）『空間と移動の表現』研究社，東京.
6. (2001)（訳）ジェームズ=フーストン『心の渇望――本当の幸福を求めて』いのちのことば社，東京.
7. (2003)（編著）『認知意味論』大修館書店，東京.
8. (2017)（編著）『移動表現の類型論』くろしお出版，東京.
9. (2018)（陳奕廷氏と共著）『日本語語彙的複合動詞の意味と体系――コンストラクション形態論とフレーム意味論』ひつじ書房，東京.
10. (2020)（Kazuhiro Kawachi 氏と共編著）*Broader Perspectives on Motion Event Descriptions*, John Benjamins, Amsterdam.

2.　論文など

1. (1984)「助数詞の意味習得について」『言語のダイナミックス』，F. C. パン・秋山高二・近藤富英（編），194-206，文化評論出版，東京.
2. (1984)「ひと，ふた，み vs イチ，ニ，サン――幼児の数詞–助数詞構造に見る操作原則」『言語のダイナミックス』，F. C. パン・秋山高二・近藤富英（編），207-220，文化評論出版，東京.
3. (1985) "Acquisition of Some Japanese Numeral Classifiers: The Search for Convention," *Papers and Reports on Child Language Development* 24, 79-

86.

4. （1986）"The Japanese Classifier *-Hon*: A Prototype-Semantic Analysis," *Sophia Linguistica: Working Papers in Linguistics* 20, 73-81.

5. （1986）（Lobo Felix 氏と共著）"A Study of Returnee Students at Sophia University with Special Reference to Word Association Test"『大学英語教育学会紀要』第 17 号，117-142.

6. （1987）（吉田研作氏と共著）「言語習得」『海外言語学情報』第 4 号，太田朗・フェリス＝ロボ（編），74-91，大修館書店，東京.

7. （1987）"Order of Acquisition in the Lexicon: Implications from Japanese Numeral Classifiers," *Children's Language, Vol. 6*, ed. by Keith E. Nelson and Anne van Kleeck, 229-260, Lawrence Erlbaum, NJ.

8. （1988）"From Bound Grammatical Markers to Free Discourse Markers: History of Some Japanese Connectives," *BLS* 14, 340-351.

9. （1988）"The Japanese Classifier *-Ken* and *-Mune*: A Prototype and Background of Existence," *Sophia Linguistica: Working Papers in Linguistics* 23, 19-29.

10. （1989）「英語音知覚に於ける語彙ストラテジーの発達的変化」*Sophia Linguistica: Working Papers in Linguistics* 27, 217-226.

11. （1990）"Constraints on the 'Intransitivizing' *-Te Aru* Construction in Japanese," *Japanese/Korean Linguistics*, ed. by Hajime Hoji, 269-284, CSLI Publications, Stanford, CA.

12. （1990）"On the Syntax of Japanese 'intransitivizing' *-Te Aru* Construction: Apparent Non-Lexical Function Changing," *CLS* 26, 277-292.

13. （1991）「日本語類別詞の意味構造と体系――原型意味論による分析」『言語研究』第 99 号，82-106.

14. （1991）"On the Lexical Nature of the Purposive and Participial Complex Motion Predicates in Japanese," *BLS* 17, 180-191.

15. （1993）"Japanese Numeral Classifiers: A Study of Semantic Categories and Lexical Organization," *Linguistics* 31, 667-713.

16. （1993）「認知言語学と語用論――抽象的変化表現をめぐって」『月刊言語』第 260 巻 7 号，46-49.

17. （1993）「〈書評〉バーバラ片岡・西尾道子『聖書の英語（旧約篇）――現代英語を読むための辞書』．西尾道子『新約聖書の英語――現代英語を読むための辞書』」『キリストと世界――東京基督教大学紀要』第 3 号，71-77.

18. （1994）"A Christian View of Language Universals and Linguistic Variabilities"『キリストと世界――東京基督教大学紀要』第 4 号，51-60.

19. (1994)「抽象的移動──認知言語学的分析の妥当性をめぐって」『上智言語学会会報』第 9 号，20-32.

20. (1994)「語彙機能文法」『海外言語学情報』第 7 号，森岡ハインツ・梶田優（編），36-49，大修館書店，東京.

21. (1995) "The Conversational Condition on Horn Scales," *Linguistics and Philosophy* 18, 21-60.

22. (1995) "A Semantic Constraint on the Argument Structure of Japanese Verbs"『明治学院論叢』第 568 号，13-39.

23. (1995)（高田優子氏と共著）「前置詞と文法化──その一般的特性とコラ語『前置詞』」『キリストと世界──東京基督教大学紀要』第 5 号，1-15.

24. (1996)「語とは何か」『月刊言語』第 25 巻 11 号，38-45.

25. (1996)「類型論 II──文法化」『海外言語学情報』第 8 号，森岡ハインツ・加藤泰彦（編），93-101，大修館書店，東京.

26. (1996) "Subjective-Change Expressions in Japanese and Their Cognitive and Linguistic Bases," *Spaces, Worlds, and Grammar*, ed. by Gilles Fauconnier and Eve Sweetser, 124-156, University of Chicago Press, Chicago.

27. (1996) "Subjective Motion and English and Japanese Verbs," *Cognitive Linguistics* 7, 183-226.

28. (1996) "How Abstract Is Subjective Motion?: A Comparison of Coverage Path Expressions and Access Path Expressions," *Conceptual Structure, Discourse, and Language*, ed. by Adele E. Goldberg, 359-373, CSLI Publications, Stanford, CA.

29. (1996) "A Syntactic Account of Light Verb Phenomena in Japanese," *Journal of East Asian Linguistics* 5, 107-149.

30. (1997)「英語前置詞による『到達経路表現』──認知言語学的視点から」『英語青年』第 142 巻 12 号，661-663.

31. (1997) "From Attribution/Purpose to Cause: Image Schema and Grammaticalization of Some Cause Markers in Japanese," *Lexical and Syntactical Constructions and the Construction of Meaning*, ed. by Marjolijn Verspoor, Keedong Lee and Eve Sweetser, 287-307, John Benjamins, Amsterdam.

32. (1997) "Linguistic Evidence for Subjective Motion," *The Locus of Meaning: A Festschrift for Professor Yoshihiko Ikegami*, ed. by Keiichi Yamanaka and Toshio Ohori, 209-220, Kurosio Publishers, Tokyo.

33. (1997) "A Reexamination of the Principles of Children's Word Formation: *The Lexicon in Acquisition*, by Eve V. Clark, Cambridge University Press, Cambridge, 1993, xii+306pp," *English Linguistics* 14, 370-392.

34. (1997) "Scales, Implicatures, and *In Fact, If Not,* and *Let Alone* Construc-
    tions," *Studies in English: Festschrift for Professor Akira Ota on the Occa-
    sion of His Eightieth Birthday*, ed. by Masatomo Ukaji, Toshio Nakao,
    Masaru Kajita and Shuji Chiba, 685–699, Taishukan, Tokyo.

35. (1997)（北村裕氏・渡辺信二氏と共著）「座談会 英語教育の本質をめぐって」
    『大学時報』第 46 号，14–29.

36. (1998)「日本語の語彙的複合動詞における動詞の組み合わせ」『言語研究』第
    114 号，37–83.

37. (1998) "Semantic Change in the Grammaticalization of Verbs into Postpo-
    sitions in Japanese," *Studies in Japanese Grammaticalization: Cognitive
    and Discourse Perspectives*, ed. by Toshio Ohori, 25–60, Kurosio Publish-
    ers, Tokyo.

38. (1999)「コウビルド・コーパスと英和辞典における spray/load 交替」『明治
    学院大学外国語教育研究所紀要』第 9 号，23–35.

39. (1999) "On the Extension of Body-Part Nouns to Object-Part Nouns and
    Spatial Adpositions," Cognition and Function in Language, ed. by Barbara
    Fox, Dan Jurafsky and Laura Michaelis, 15–28, CSLI Publications, Stan-
    ford, CA.

40. (2000) "Causative Alternation in English and Japanese: A Closer Look (T.
    Kageyama, *Dooshi Imiron: Gengo to Ninchi no Setten* (Verb Semantics:
    The Interface of Language and Cognition))," *English Linguistics* 17, 160–
    192.

41. (2000) "Crosslinguistic Parameterization of Causative Predicates," *Argu-
    ment Realization*, ed. by Miriam Butt and Tracy Holloway King, 135–169,
    CSLI Publications, Stanford, CA.

42. (2000)「国語学会 — 日本語研究の国際化の中にあって」『国語学』第 200 号，
    64–67.

43. (2000)「日本語における身体部位詞から物体部分詞への比喩的拡張 — その
    性質と制約」『認知言語学の発展』，坂原茂（編），295–324，ひつじ書房，東
    京.

44. (2000)「日本語における他動詞／二重他動詞ペアと日英語の使役交替」『日英
    語の自他の交替』，丸田忠雄・須賀一好（編），167–207，ひつじ書房，東京.

45. (2000)「『教える／教わる』などの他動詞／二重他動詞ペアの意味的性質」
    『日本語 意味と文法の風景 — 国広哲弥教授古稀記念論文集』，山田進・菊地
    康人・籾山洋介（編），79–95，ひつじ書房，東京.

46. (2001)「コウビルド・コーパスと英和辞典における二重他動詞 — get などの

取得を表す動詞を中心に」『明治学院大学外国語教育研究所紀要』第 11 号，29-43.

47. （2001）「新改訳聖書と新共同訳聖書における二人称の扱い——日本語としての適切性の検討」『キリストと世界——東京基督教大学紀要』第 11 号，73-100.

48. （2002）「使役移動構文における意味的制約」『認知言語学 I——事象構造』，西村義樹（編），187-211，東京大学出版会，東京.

49. （2002）（Dan I. Slobin 氏と共著）「資料 移動事象を表す言語表現に関する文献目録」『明治学院論叢』第 684 号，83-158.

50. （2003）「タルミーによる移動表現の類型をめぐる問題——移動の意味論（1）」『明治学院論叢』第 695 号，51-82.

51. （2003）"Typologies of Lexicalization Patterns and Event Integration: Clarifications and Reformulations," *Empirical and Theoretical Investigations into Language: A Festschrift for Masaru Kajita*, ed. by Shuji Chiba et al., 403-418, Kaitakusha, Tokyo.

52. （2004）「日本語の視覚表現における虚構移動」『日本語文法』第 4 巻 1 号，111-128.

53. （2004）「新改訳聖書と新共同訳聖書における文末語形と照応表現——日本語としての適切性の検討 II」『キリストと世界——東京基督教大学紀要』第 14 号，133-161.

54. （2006）「概念メタファーと語彙レベルのメタファー研究」『日本認知言語学会論文集』第 6 巻，519-522.

55. （2006）「語におけるメタファー的意味の実現とその制約」『認知言語学論考』No. 6，山梨正明（編），49-93，ひつじ書房，東京.

56. （2006）「経路の多様性と移動表現のタイポロジー」*KLS* 26, 461-461.

57. （2007）「英語反義語の認知意味論的考察」『神戸言語学論叢』第 5 号，125-130.

58. （2008）「空間移動の言語表現とその類型」『月刊言語』第 37 巻 7 号，36-43.

59. （2008）「聖書の日本語翻訳文について考える」『聖書翻訳を考える（続）』，新改訳聖書刊行会（編），7-22，新改訳聖書刊行会，東京，

60. （2009）「複合動詞『〜込む』『〜去る』『〜出す』と語彙的複合動詞のタイプ」『語彙の意味と文法』，由本陽子・岸本秀樹（編），175-194，くろしお出版，東京.

61. （2009）（秋田喜美氏・小原京子氏と共著）「移動事象は日英語話者にどう聞こえどう見えるのか——移動表現の類型論における音象徴語の位置付け」『神戸言語学論叢』第 6 号，1-19.

62. (2009)「多義語における中心的意味とその典型性 —— 概念的中心性と機能的中心性」*Sophia Linguistica: Working Papers in Linguistics* 57, 89–99.

63. (2010) "Aspects of the Semantics of Logophoricity: Comparison of Malayalam with Yoruba and Japanese," *Reality Exploration and Discovery: Pattern Interaction in Language and Life*, ed. by Linda Ann Uyechi and Lian-Hee Wee, 269–284, CSLI Publications, Stanford, CA.

64. (2010)（原佐英子氏・夏池大介氏と共著）「地形的環境と空間参照枠の使用 —— 神戸における調査から」*KLS* 30, 13–24.

65. (2010)「英語反義語における『反義語らしさ』の決定要因」『ことばの対照』,岸本秀樹（編）, 95–107, くろしお出版, 東京.

66. (2010)（秋田喜美氏・小原京子氏と共著）「移動表現の類型論における直示的経路表現と様態語彙レパートリー」『レキシコンフォーラム』No. 5, 影山太郎（編）, 1–25, ひつじ書房, 東京.

67. (2010)「多義性とカテゴリー構造」『語・文と文法カテゴリーの意味』, 澤田治美（編）, 23–43, ひつじ書房, 東京.

68. (2011)「作例と内省による研究例 1 ——『類別詞』と『主体的移動』の認知言語学的研究」『認知言語学研究の方法』, 中本敬子・李在鎬（編）, 131–147, ひつじ書房, 東京.

69. (2014)「日本語の空間移動表現 —— 通言語的実験から捉える」『国語研プロジェクトレビュー』第 4 巻 3 号, 191–196.

70. (2016)（吉成祐子氏・眞野美穂氏・江口清子氏と共著）「第二言語における移動事象の言語化 —— 日本語話者が用いる英語とハンガリー語の研究」*Studies in Language Sciences: The Journal of the Japanese Society for Language Sciences* 15, 142–174.

71. (2016) "Phonological and Semantic Subregularities in Noncausative-Causative Verb Pairs in Japanese," *Valency and Transitivity Alternations: Studies on Japanese and Beyond*, ed. by Taro Kageyama and Wesley M. Jacobsen, 51–88, De Gruyter Mouton, Berlin.

72. (2017)（Kimi Akita 氏・Kiyoko Takahashi 氏と共著）"The Functional Nature of Deictic Verbs and the Coding Patterns of Deixis," Motion and Space across Languages: Theory and Applications, ed. by Iraide Ibarretxe-Antuñano, 95–122, John Benjamins, Amsterdam.

73. (2017)「移動表現の類型に関する課題」『移動表現の類型論』, 松本曜（編）, 1–24, くろしお出版, 東京.

74. (2017)「英語における移動事象表現のタイプと経路表現」『移動表現の類型論』, 松本曜（編）, 25–38, くろしお出版, 東京.

75. （2017）「日本語における移動事象表現のタイプと経路表現」『移動表現の類型論』，松本曜（編），247-273，くろしお出版，東京.

76. （2017）「移動表現の性質とその類型性」『移動表現の類型論』，松本曜（編），337-353，くろしお出版，東京.

77. （2018）"Motion Event Descriptions in Japanese from Typological Perspectives," *Handbook of Japanese Contrastive Linguistics*, ed. by Taro Kageyama and Prashant Pardeshi, 273-289, De Gruyter Mouton, Berlin.

78. （2018）（陳奕廷氏と共著）「『泣く』——複合語を手がかりとしたフレーム意味論的分析」『神戸言語学論叢』第11号，50-57.

79. （2018）「認知言語学の意味観はどこが独自なのだろうか？」『認知言語学とは何か——あの先生に聞いてみよう』，高橋英光・野村益寛・森雄一（編），45-59，くろしお出版，東京.

80. （2018）「『新改訳2017』の日本語」『聖書翻訳を語る——『新改訳2017』何を，どう変えたのか』，新日本聖書刊行会（編），いのちのことば社，東京.

81. （2019）「意味論と語用論は近づいたか」『語用論研究』第20号，104-109.

82. （2020）（Kimi Akita 氏と共著）"A Fine-Grained Analysis of Manner Salience: Experimental Evidence from Japanese and English," *Broader Perspectives on Motion Event Descriptions*, ed. by Yo Matsumoto and Kazuhiro Kawachi, Chapter 5, John Benjamins, Amsterdam.

83. （2020）（Kazuhiro Kawachi 氏と共著）"Introduction: Motion Event Descriptions in Broader Perspective," *Broader Perspectives on Motion Event Descriptions*, ed. by Yo Matsumoto and Kazuhiro Kawachi, John Benjamins, Amsterdam.

84. （2020）"Neutral and Specialized Path Coding: Toward a New Typology of Path-Coding Devices and Languages," *Broader Perspectives on Motion Event Descriptions*, ed. by Yo Matsumoto and Kazuhiro Kawachi, Chapter 9, John Benjamins, Amsterdam.

85. （To appear）"The Semantic Differentiation of V-*te* V Complexes and V-V Compounds in Japanese," *Verb-Verb Complexes in Asian Languages*, ed. by Taro Kageyama and Prashant Pardeshi, Oxford University Press, Oxford.

86. （To appear）"The Semantics of Japanese Verbs," *The Handbook of Japanese Semantics and Pragmatics*, ed. by Wesley M. Jacobsen and Yukinori Takubo, De Gruyter Mouton, Berlin.

目　　次

まえがき　　　　　　　v
松本曜教授　履歴　　vii
松本曜教授　業績　　ix

巻頭言

実証性の高い言語研究を目指して
……………………………………………………………………………… 松本　曜　　2

Part I　空間移動表現

Beyond Path and Manner: From Child Language to Linguistic Typology
……………………………………………………………………… Dan I. Slobin　　8

複数局面ルートの移動事象を描写する表現の類型論的分析
…………… 吉成祐子・アンナ＝ボルジロフスカヤ・江口清子・眞野美穂　　22

環状移動を表すタイ語動詞 won の語彙相
…………………………………………………………………… 高橋清子　　39

Part II　フレーム意味論・構文文法

言語研究における統計的モデリング
…………………………………………………………………… 森下裕三　　54

xviii

Mimetic 'Go'-Verbs in Japanese

.... Kimi Akita　68

中国語の原因型結果構文に対するフレーム・コンストラクション的アプローチ

.... 陳　奕廷　82

Encyclopedic Knowledge in Denominal Verbs in English:

　A Case Study of Body-Part Verbs

.... Hirotaka Nakajima　99

Part III　メタファー・メトニミー

When do Japanese Speakers Move Forward?

.... Kohei Suzuki　116

読字方向が時間概念の空間方向軸表象に与える影響

.... 篠原和子・松中義大　129

日本語比喩情報付与コーパスの作成と新聞における比喩実態調査の試み

.... 加藤　祥　144

外国語のメトニミー表現の解釈における他者の介入および他者との協同

.... 有薗智美　160

受身標識の文法化に見られる規則性

　—主語に向けての移動から受身標識への文法化—

.... 夏　海燕　176

執筆者紹介 189

巻頭言

実証性の高い言語研究を目指して

松本　曜

国立国語研究所

　神戸大学で教えていた 2004 年から 2018 年の間に，欧米の認知言語学の研究においてデータの扱いが大きく変わった．認知言語学における量的転回（Quantitative Turn）と呼ばれる研究上の変化が，ちょうどこの時期に起こったからである．

　認知言語学が登場したころの研究は，内省を研究の基盤にしたものが多かった．認知言語学の初期の研究は，George Lakoff, Ron Langacker, Len Talmy らのするどい直感と内省力によるところが大きかったと言って良い．しかし次第に，多数の話者による実験に基づく研究やコーパスを資料とした量的な研究が増え，2008 年以降それが主流となったと言われる．そのような変化が起こったことにはいくつかの理由があったと思われる．1 つは，認知言語学において行われていた主張について，心理的な実在性を確かめるべきであるという主張がなされ，そのための実験調査が行われるようになったことである．もう 1 つには，認知言語学の中で使用基盤モデル（usage-based model）と呼ばれる言語観が確立していき，言語の使用自体を研究しようという流れができたことが挙げられる．また，色々な言語でコーパスの整備が進んだことや，様々な技術の発展により実験を行うことが容易になってきたことも挙げられる．

　言語研究において基盤とすべきデータがどのようなものであるべきかという問題は，個人的に大きな関心を持ってきた課題である．ここではまず，私自身が今まで行ってきた研究を，その観点から振り返ってみたい．1985 年に上智大学に提出した修士論文（業績リストの 1-1）は，日本語類別詞の意味論と言語習得を扱ったものであった．前半の意味論のセクションは自身の内省に基づくものである一方，後半の言語習得のセクションは実験に基づくものであった．つまり，前半と後半で研究の手法が異なっていた．そのような中で，大人の類別詞の意味の理解に，実験的な手法を用いる必要はないのかという疑問を

持った．そのため，修士論文完成後の1年半の間に大人の類別詞に関する実験調査を行っていった（2-4, 9）．ちょうど，修士論文での意味分析を，典型意味論を用いた分析に改めていく必要があり，類別詞の典型性を証明するためには実験が不可欠であるという事情もあった．その成果は，1993年に出版した論文の中に活かされている（2-15）．

　1986年から1992年までアメリカ留学時代には，認知言語学の発展を間近で見ることができた一方，私自身の研究は文法理論へとシフトしていった（2-11, 12, 14）．1992年にスタンフォード大学に提出した博士論文（1-2）は，語彙機能文法に基づく日本語複雑述語の文法と意味に関する研究であり，この論文は改訂を経て1996年に書籍として出版された（1-4）．そこで用いた研究手法は内省に基づく考察であった．様々な文や複合語を作って判断するという作業は自由が利く作業であり，その効率の良さに惹かれる一方，内省のみを使う手法には疑問も感じていた．多くの研究で行われ，私自身も用いていた内省調査とは，被験者数が1で実験者と被験者が同じという内省実験だと言える．そのようなデータ収集において客観性を保つことが出来るのかどうかという疑問であった．

　1992年に帰国して，東京基督教大学，そして明治学院大学で教えるようになってからは，留学時代の研究を続ける一方（2-29, 41），中断していた語の意味論へと研究の比重を移していった（1-5, 2-26, 27, 28, 31, 37, 40, 43, 44, 45, 48, 51, 52, 55など）．そのような中で気が付いていったのは，海外の研究におけるデータの扱いの変化であった．1990年代の後半からコーパスを用いた研究や実験的な研究が盛んに行われるようになり，さらに複数の言語に関する通言語的な研究プロジェクトが大きな成果を挙げるようになった．1つの言語に関して内省を用いて研究を行うというやり方は少数派になりつつあった．

　2004年に神戸大学へ移ってから，3つの点で新たな展開を見ることになった．これにはそれぞれ異なる背景があった．1つの展開は実験的研究への回帰であった．この背景にあったのは，神戸大学における他分野での研究である．神戸大学で行われていた音韻論や語用論の研究では，実験がすでに行われていた．たとえば音韻論では，無意味語にどのようなアクセントを付与するかといった実験が，大学院生の間で広く行われていたのである．そのような中で，意味論の研究が従来の方法で良いのかという疑問を持ち始めた．その結果，学部や修士の学生の論文指導において実験的な手法を用いるように勧めることが増え，自分でもそれを行うようになる（2-64, 65）．もう1つの展開はコーパ

スを使い始めたことである．2011 年に国立国語研究所から現代日本語書き言
葉均衡コーパスが公開され，様々な局面で使われるようになった．学生の研究
においてもこのコーパスを用いた実証的な研究を薦めるようになり，自らも使
い始めた (2-75)．3 つ目は，類型論的な研究への傾斜である．この背景にあっ
たのは，神戸大学の大学院に，英語，日本語のみならず，様々な言語を研究す
る大学院生がいたことである．そのような学生の関心に応える必要もあり，類
型論的なテーマを大学院の授業で取り上げることになった．最初の数年間，大
学院の授業で移動動詞の類型論に関するものを読んだのをきっかけに，しばら
くは実験によらない形で移動動詞の通言語的比較を進めることになる (2-56)．
この段階での類型論研究は，2017 年の編著本 (1-8) に結実している．

　このような中で，2009 年から始めることになったのが，移動事象の言語表
現に関する通言語的実験研究である．これは，カリフォルニア大学や，マック
スプランク研究所などにおける実験的意味論研究の出現の手法を参考にしたも
のであった．この研究において調べているのは，特定の言語においてどのよう
な動詞が存在するか，あるいはどのような文が文法的なのかではなく，どのよ
うな状況でどのような文を実際に使うかである．幸いにして，多くの共同研究
者に恵まれ，また国立国語研究所のプロジェクト予算や科研費を受けることが
でき，その成果も論文になりつつある (2-66, 69, 70, 72)．この研究は国立
国語研究所に移ってからも進められている．

　実証性が高いことは，良い研究の重要なポイントである．博士論文の指導な
どにおいてしばしば言ってきたことであるが，良い論文とされるものには，4
つの要素がある．1 つ目は，新しい内容が含まれていること，すなわち，新し
い事実の発掘や，新しい分析がなされているということである．2 つ目は論文
にまとまりがあることである．余計な議論がなく，すべてが 1 つの主張につ
ながる形で統合されているということである．第 3 のポイントは明快性であ
る．文章が明瞭であり，展開に論理性があると言うことである．そして第 4
のポイントが経験性である．主張が言語の事実に基づいているか，しっかりと
データから支持されているかである．これらの 4 点は，英語で言えば，New,
Integrated, Clear, Empirical であり，それぞれの頭文字を取って，NICE な
論文を構成する．

　では，言語研究における実証性（経験性）の高さは，どのような形で保証さ
れるであろうか．1 つは，内省，コーパス，実験を用いた，信頼性の高いデー
タを用いることである．それは，単にコーパスと実験を用いるだけで保証され

るものではない．コーパスや実験を用いて何を調べるかには，内省による予備調査の果たす役割が大きい．それがあって初めて，コーパスと実験から良いデータが得られるのである．

　もう1つは，網羅的な，あるいは広範囲に渡る調査を行うことである．1つ言語における現象を扱うのであれば，一部の語や一部の用例にもとづいて議論をするのではなく，該当する語彙を網羅的に調べたり，幅広い用例に基づいて議論を展開したりするということである．移動動詞について何かの主張を行う場合は，少数の移動動詞を調べてその特性を議論するのと，すべての移動動詞を調べて主張を行うのでは，その主張の重みが格段に異なるのである（この点については，1-9, 2-71 も参照）．また，複数の言語に渡る主張を行う場合には，一定の質を保った上で，できるだけ多くの言語に関する調査を行うことで実証性が保証される．

　今までの大学院生の指導においても，このいずれかの意味で実証性が高い研究を目指すようにという指導を心がけてきたつもりである．その結果，多くの論文でコーパスや実験が行われ，また網羅的な調査が行われて，研究がなされてきた．

　本論集に載せられた論文は，そのような形で言語現象と取り組んできた研究者によるものである．高い実証性を求める志向が，今後も良い成果を結んでいくことを期待したい．

PART
I

空間移動表現

Beyond Path and Manner:
From Child Language to Linguistic Typology

Dan I. Slobin
University of California, Berkeley

1. Introduction

It is a pleasure to celebrate the sixtieth birthday of my esteemed colleague, Yo Matsumoto. Through the past several decades, he and I and linguists in a number of countries have worked at fashioning a typology of motion-event expressions. In 2002 we even assembled a bibliography of the vast number of studies of this growing domain (Matsumoto and Slobin (2002)). The starting point was Leonard Talmy's (Talmy (1985, 1991, 2000)) insightful systematization of a binary typology of lexicalization constructions. Matsumoto and I have arrived at similar revisions of the classic binary categorization, while pointing out the presence of gradients and mixed categories among the world's languages. Verb-framed languages can be thought of as *head-framed* (Matsumoto (2003)) or *path-in-verb* (PIV) (Slobin (2017)) languages; Satellite-framed languages are then *nonhead-framed* or *path-in-nonverb* (PIN). I've gone on to explore dimensions of Manner (Slobin (2004, 2006), Slobin et al. (2014)), relating manner salience to framing typology. However, Matsumoto has correctly emphasized that lexicalization of Manner is not tied to construction type. He has introduced a useful "manner categorization parameter," distinguishing between languages on the basis of where Manner is typically expressed. Thus we have *manner-in-verb* languages like English, and *manner-in-adverb* languages like Japanese (Matsumoto (2003)). More recently, Matsumoto has turned his attention to a comprehensive typology of Path. In my opinion, he has successfully solved the major descriptive problems in his recent work, "Neutral and specialized path coding: Toward a new typology of path-coding devices and languages" (Matsumoto (in press)). Moving away from various typologies of Path and Manner, I am inclined to agree with Beavers, Levin, and Tham that "the wide variation in motion event encoding falls out from general constraints on how manner and path may be encoded in language, together with independent properties of the morpholexical inventories and morphosyntactic resources of particular languages" (Beavers et al. (2009: 40)).

There is much more that can be said—and done—with regard to typologies of motion events. However, at age eighty, I do not have new insights or data to contribute. Rather, I wish to provide a sort of "intellectual autobiography." How did a psycholinguist concerned with child language acquisition find himself making proposals about the linguistic typology of motion event descriptions? In honor of Yo Matsumoto's contributions to our shared problem area, I will briefly trace out my path from an early concern with children's acquisition of morphology and word order, to explorations of temporality in narrative, and finally to interactions between event descriptions and the expressive resources provided by different types of language.

2. The Acquisition of Locative Expressions

As in much of science, the first step comes by serendipity. In the 1960s I was guided by Piaget's model of stages of children's cognitive development. I expected these stages to be universal—that is, applicable regardless of the language the child may be exposed to. The expectation was that as new concepts emerged in the child's mind—independent of language—the child would search for linguistic means of expression of those concepts. As a research strategy, it was useful to look for notions that children express in the beginning period of language acquisition—that is, to examine what topics toddlers talk about. One such topic was the language of space: location and directed movement. In the English child language literature there was much interest in locative prepositions, which are often absent in the period of "telegraphic speech" characterized by the omission of grammatical morphemes (Braine (1963), Brown (1973), Brown et al. (1968)). Comparisons across available child language records at first matched English data of telegraphic speech. However, all of those datasets came from non-inflectional Indo-European languages, mainly English, German, and French.

Slavic languages presented a different picture (Slobin (1966), on acquisition of Russian). Prepositions were generally absent in the early period, but nominal case-endings were sometimes used to mark an object as located versus acted upon. For example, a 23-month-old Russian child, documented in an extensive diary study by Gzozdev (1961), distinguished between *knižka* 'book-Dim-Nom' and *knižku* 'book-Dim-Acc'.[1] In Gvozdev's transcription of the child's pronunciation there are contrasting utterances such as *niska papala* (= *knižka propala* 'book-Nom fell') and *nisku čitat'* (= *knižku čitat'* 'book-Acc read'). This was a clue that two-word utterances could contain more than two morphemes; furthermore, the morphemes that apparently were salient to the Russian child were word-final.

Critical new data—the serendipity—came from a bilingual child learning two types of languages: a Slavic Language—Serbo-Croatian,[2] and a Finno-Ugric language—Hungarian. Where Serbia and Hungary come together, there were families in which children acquired both languages from the start (Mikès (1967), Mikeš and Vlahović (1966)). In Hungarian, locative relations are expressed by postpositions and suffixes, and these forms are quickly acquired by bilingual children at the same time that they are omitting prepositions in Serbo-Croatian. Thus, locative notions that were morphologically marked were expressed in one language, while they were not yet expressed in the other, where they were encoded by prepositions. For example, when putting a doll in a drawer, the very same child might say, in Serbo-Croatian, the equivalent of 'doll drawer,' while in Hungarian she might say 'doll drawer-Illative' (= 'moving into an enclosed space'). Such bilingual children make it clear that cognitive development alone is not driving the acquisition of grammatical morphology, because the same child, expressing similar notions, used fully-developed grammar in one language but not in the other. There are two factors underlying morphological development: accessible semantic content, determined by cognitive development, and detectable linguistic material, determined by perceptual factors.

---

[1] Abbreviations: Acc = accusative case, Nom = nominative case, Dim = diminutive
[2] Since the break-up of Yugoslavia, the common language spoken in Bosnia, Croatia, and Serbia, has a new linguistic designation: BCS (Bosno-Croato-Serbian), representing the considerable overlap between Bosnian, Croatian, and Serbian, now spoken in independent countries (Alexander (2006)).

Crosslinguistic comparison of available child language data reinforced the finding of differential salience of preposed and postposed markers. The chance discovery of differential access to prepositions and postpositions in the bilingual child was confirmed by studies of monolingual children learning different types of languages. Across Slavic languages, prepositions and verb prefixes encoding locative information are acquired relatively late in comparison with similar information encoded by suffixes and postpositions in Turkish, Hungarian, Finnish, and Korean (Slobin (1973)). And so the task for the developmental psycholinguist was to zero in on perceptual salience as a necessary component of acquisition. The solution was to equip the child with learning strategies or algorithms, which I designated as "operating principles," such as "Pay attention to the ends of words" (Slobin (1973, 1985)). This is a long story and not part of the goal of the current chapter, namely to trace out my path toward typologies of motion events (for details see Peters (1997)).

All of the available data in the 1960s came from diary studies—that is naturalistic records of child speech. The next step, in the 1970s, was to devise experimental tasks to elicit comprehension and production of critically-chosen grammatical constructions from children learning different types of languages. We selected four languages that contrasted in terms of word order and inflectional typology, studying children across the age range from 2 to 4. The sample was made up of English, Italian, Serbo-Croatian, and Turkish; and the tasks dealt with locatives, agent-patient and causative constructions, temporal relations, and several other dimensions (the full study is presented in Slobin (1982)). For the present purposes we need to attend to only the locative domain (Johnston and Slobin (1979)). Across all four languages we found a common order of development, based on cognitive factors. The earliest to be acquired were simple topological relations between two objects, regardless of viewpoint or features of individual objects: 'in/on/under/beside.' For example, a ball or a toy car is 'on' a table, regardless of features of the individual objects and the angle of regard of the speaker. Older children mastered forms that require attention to object features: 'front/back.' For example, to say, 'the ball is in front of the dog,' the child has to attend to a particular part of the dog. The latest acquisitions were those in which the child also had to attend to the viewpoint of the speaker in addition to object features. For example, to say, 'the ball is in front of the plate,' the child has to project a line from their own point of view through the ball to the plate. This is a projective relationship, since neither balls nor plates have inherent fronts or backs. As Piaget had predicted, topological relations are understood before projective relations—and this order of development was true across the four languages of the study. Where the languages differed was in timing, determined by language-specific characteristics. Several factors facilitated earlier acquisition particularly postposed versus preposed information, which gave Turkish children an advantage.[3]

The four-language study made it clear that language acquisition is guided by both cognitive development and the child's ability to decipher linguistic forms, using capacities of perception, pattern detection, and memory organization. Languages differ in their accessibility to the child's capacity to detect and analyze linguistic constructions. Each language presents its own set of problems to solve, so there cannot be a uniform path of language acquisition across languages.

3. The Expression of Temporality in Narrative

Up until this point, in the late 1970s, the research focused on grammatical forms that express similar concepts across languages. The next step was to consider crosslinguistic variations in both form and content. The impetus came from collaboration with an Israeli linguist, Ruth Berman, who was concerned with temporality. Whereas English expresses a range of aspectual notions in addition to tense (progressive, perfect), Hebrew has no grammaticized aspect and only a three-way contrast between past, present, and future. In order to study tense/aspect in child language we turned to narrative. What we needed was a means of eliciting connected discourse about a series of events. Here, again, serendipity played a role. A graduate student of mine, Michael Bamberg, had found a children's picture book that conveys a

---

[3] Other factors predicting rate of acquisition were lexical diversity, clarity of etymology, morphological complexity, and homonymity of form; these dimensions are not relevant to the current discussion (see Johnston and Slobin (1979), Slobin (1982)).

story in 24 pictures without words, *Frog, Where Are You* (Mayer (1969)). Bamberg (1987) used the "frog story" to study the development of narrative skills in German-speaking children. The story is ideal for this purpose because it presents a lively adventure that can be seen from the perspectives of several different participants. The story also presents overlapping events with different durations and results, and so it was well suited to our interests in temporality—simultaneity, prospection and retrospection, sudden changes and unexpected results.

We began with a comparison of frog story narratives elicited from English and Hebrew speakers at ages 3–5, 9, and adult. Consider a scene which depicts simultaneous occurrence of a Punctual and a Durative event: a boy falls from a tree while his pet dog is running away from a swarm of bees. Note the aspectual contrast in this English description: *falls* versus *be running*. Children as young as three marked this distinction, saying things like *the boy fell and the bees were flying after the dog*. Hebrew speakers, at all ages, generally did not contrast the temporal contours of the two events. A description offered by a 5-year-old is typical: *hu nafal ve hakelev barax* 'he fell and the dog ran-away.' There is much more to say about temporal devices used in Hebrew and Turkish, but that is not the focus of the current chapter (see Berman and Slobin (1994) for details).

The story-elicitation method seemed useful and so we eventually added more languages on a typological scale of grammaticization of aspect: Hebrew and German (no aspect), English and Turkish (progressive/nonprogressive), Spanish (progressive/nonprogressive, perfective/imperfective) (Berman and Slobin (1994)). Speakers of all ages made use of the aspectual contrasts provided by their language, suggesting that the availability of grammatically-marked dimensions oriented speakers to pay attention to those dimensions.

4. The Expression of Motion Events in Narrative

Although we had not set out to study motion events, crosslinguistic differences were immediately evident in the frog stories. And here we found a different typological split between languages that encode Path in verbs (e.g. 'enter, exit') and or in particles associated with verbs (path affixes, preposi-

tional phrases encoding 'in, out,' etc.). In this way we stumbled on Leonard
Talmy's distinction between verb-framed and satellite-framed constructions
(Talmy (1985, 1991, 2000)), which has stimulated decades of research, in-
cluding, of course, the many contributions of Yo Matsumoto. The typology
will be well known to readers of this Festschrift, so I'll simply give one ex-
ample. In the frog story scene just described, the boy falls from a tree be-
cause he is startled when an owl flies out of a hole. Note that I have used
satellite-framed typology in describing this scene, using a verb-particle con-
struction, *fly out.* Hebrew speakers used a single verb, תאצל 'exit.' We ex-
panded the sample and found that the difference between verb- and satellite-
framed languages showed itself across a wide range of languages, across
ages. In verb-framed languages—Hebrew, Spanish, French, Italian, Turkish
—the dominant narration was 'owl exits (from a hole).' In satellite-framed
languages—English, German, Dutch, Russian, Mandarin—the dominant
pattern was 'owl flies/jumps/flutters/pops out (from a hole).' (Note that the
typologies of verb aspect and motion encoding are different, e.g., English
and German fall together in motion event framing but are different types
with regard to temporal expression. One cannot predict one pattern from the
other. Any individual language represents a collection of typological distinc-
tions, requiring caution in making generalizations about the path of acquisi-
tion on the basis of one typological dimension alone.)

　　The typological contrast based on locus of expression of Path had an un-
intended consequence—another appearance of serendipity in my personal
narrative. When Path is expressed outside of the verb—Matsumoto's non-
head-framed or my path-in-nonverb (PIN) distinction—the verb is available
to express more than simple motion, and so a range of Manner-of-motion
verbs become available to fill the verb slot, such as 'fly, jump, flutter, pop'
mentioned above. This led to a series of studies of the encoding of manner
of motion across languages, ages and in synchronic and diachronic perspec-
tives (Slobin (2004, 2006, 2017), Slobin et al. (2014)). The study of man-
ner of motion has become its own burgeoning "cottage industry."

5.　Thinking for Speaking

　　Already in the first frog story studies it became obvious that the stories were rather different, depending on the language being used. Although the outlines of the plot were determined by the picture sequence, many details varied in language-specific ways. By the time we had gathered numerous stories in many languages, language-specific and type-specific narratives became evident. Clearly, children attend to the features of experience that are habitually and easily encoded in their language—and this is true even in narratives elicited from children as young as three years. And so I was led by the data to re-examine my position that the child's task is simply to map language-free cognitions onto available linguistic forms. It appeared that the language was functioning as a sort of filter, focusing attention to dimensions of experience. In 1987 I gave a keynote to the annual meeting of the Berkeley Linguistics Society with the title, "Thinking for speaking." Being a psycholinguist, I deliberately replaced the static, reified terms "thought" and "language" with designations of dynamic process, and I formulated a principle that has guided my research ever since.

> [W]e encounter the contents of the mind in a special way when they are being accessed for use. In the terms of my title, the activity of thinking takes on a particular quality when it is employed in the activity of speaking. In the evanescent time frame of constructing utterances in discourse, one fits one's thoughts into available linguistic forms. A particular utterance is never a reflection of "objective" or perceived reality or of an inevitable and universal mental representation of a situation. This is evident within any given language, because the same situation can be described in different ways and it is evident across languages, because each language provides a limited set of options for the grammatical encoding of characteristics of objects and events. "Thinking for speaking" involves picking those characteristics that (a) fit some conceptualization of the event, and (b) are readily encodable in the language."   (Slobin (1987: 435))

The "thinking for speaking" idea (further elaborated in Slobin (1996a)) has been used in countless studies of first and second language acquisition, language impairment, aging, and more. And the frog story method has similarly been used in very many languages, spoken and signed, belonging to a wide range of linguistic types. Typologies have been refined and new dimensions have been added, including lexical items, ideophones, and gesture. And my own interests have moved from child language to problems of translation, mental imagery, propaganda, forensic linguistics, language contact and language change, literary fiction, and poetry. The series of serendipitous encounters that have reoriented my career have had many ripple effects. I will only briefly comment on some of these broader issues, to the extent that they are relevant to the linguistics of motion event description.

6. Literary Language and Translation

The frog story findings were based on narratives elicited by a picture storybook for children. Surely, I thought, adult writers of fiction in various languages would go beyond the templates provided by their particular languages. I began by examining descriptions of motion events in novels written in English and Spanish, representatives of Talmy's two typologies (Slobin (1996b)). As an English-speaking reader of Spanish fiction, my head was full of mental images of manners of movement—but, to my surprise— these images were not based on rich Spanish descriptions, but rather on my predispositions from a lifetime of using a satellite-framed language with its rich lexicon of expressive verbs. Like the frog story narrators, English language writers had large lexicons of manner verbs, used in extended path descriptions with series of verbal participles and prepositional phrases, whereas the Spanish language writers provided detailed scene setting and minimal path verbs, allowing the reader to draw inferences about details of path and manner. Compare, for example, verbs of human motion on foot in five comparable novels from each of the two languages. The English novelists used 19 verbs: *crawl, creep, go, hasten, hurry, march, move, run, rustle, scurry, slip, speed, step, stomp, storm, stride, stroll, walk, wander*; the Spanish novelists used 7: *andar* 'walk,' *caminar* 'walk,' *correr* 'run,' *deslizarse* 'slip,' *dirigirse* 'go,' *ir* 'go,' *lanzarse* 'dash.' Clearly, the lexical resources for expressing manner of movement are quite different. These differences held up in a larger and more systematic sample of ten novels in each of three languages of each type. Novels written in three satellite-framed languages had 50 or more types of verbs of manner of motion (English: 59, German: 50; Russian: 66), whereas three verb-framed languages had about

25 or fewer (Turkish: 21, Spanish: 26; French: 23) (Slobin (2017)).

The next task was to compare translations of fiction from one language type to the other (Slobin (1996a, 1996b, 2005)). We found that literary translators tried to make the writing appropriate to the target language, minimizing the foreignness of the original. When the source language was satellite-framed, verb-framed translators omitted much of the details of manner of movement; in the opposite direction, satellite-framed translators added manner that was not explicit in the original, but could be inferred by someone used to thinking for speaking in a manner-rich language. Compare the translations in (1) and (2).

(1) English: He strolled across the room to the door …

(DuMaurier (1938: 329))

Spanish: Se dirigó a la puerta …

'He went to the door.'   (Du Maurier (1959: 446))

(2) Spanish: … luego de diez minutos de asfixia y empujones, llegamos al pasillo de la entrada …

'… after ten minutes of asphyxiation and pushes, (we) arrived at the entry-way …' (Vargas Llosa (1977: 106))

English: … after ten minutes of nearly being smothered or crushed to death, we finally fought our way to the exit …

(Vargas Llosa (1982: 86))

A large study compared translations of an English chapter from *The Hobbit* (Tolkien (1937)) with translations into four satellite-framed languages (Dutch, German, Russian, Serbo-Croatian) and six verb-framed languages (French, Italian, Portuguese, Spanish, Hebrew, Turkish). In the English original there were 26 verbs of manner of motion. In the translations into other satellite-framed languages there was a mean of 25.6 such verbs, compared with a mean of 17.2 in the verb-framed languages (Slobin (2005)). Manner of motion (and other types of activities) seem to be more salient in languages where path is expressed outside of the main verb of a clause. By now there have been numerous studies, across a great range of languages, finding higher manner salience in such languages, by a variety of measures, including verb types and tokens in texts, elicited description of video clips (e.g. Akita and Matsumoto (forthcoming), Slobin (2006), Slobin et al.

(2014)), tests of recognition and recall, mental imagery, eye movements, gesture.

7. A Final Thought

There is much more that can be said, but the goal of this short essay is to celebrate my esteemed colleague and fellow traveler along these roads. I will simply end with a short poem that I wrote many years ago, in 1989, somehow anticipating the topic that would occupy me so deeply for the following years (published in Sunshine and Napoli (2004: 98)).

Verbs of Motion

Rolling wheels cover every inch of the way.
Walking feet leave spaces between every step—
But the feet know the path.

It is easier to ride to work—
but you can't see the bees in the blossoms.

Even while sitting, one can go to the ends of the earth.

References

Akita, Kimi and Yo Matsumoto (forthcoming) "A Fine-Grained Analysis of Manner Salience: Experimental Evidence from Japanese and English," *Broader Perspectives on Motion Event Descriptions*, ed. by Yo Matsumoto and Kazuhiro Kawachi, John Benjamins, Amsterdam.

Alexander, Ronelle (2006) *Bosnian, Croatian, Serbian, a Grammar with Sociolinguistic Commentary*, University of Wisconsin Press, Madison, WI.

Bamberg, Michael G. W. (1987) *The Acquisition of Narrative: Learning to Use Language*, Mouton de Gruyter, Berlin.

Beavers, John, Beth Levin and Shiao Wei Tham (2010) "The Typology of Motion Expressions Revisited," *Journal of Linguistics* 46, 331-377.

Berman, Ruth A. and Dan I. Slobin (1994) *Relating Events in Narrative: A Crosslinguistic Developmental Study*, Lawrence Erlbaum Associates, Hillsdale, NJ.

Braine, Martin D. S. (1963) "The Ontogeny of English Phrase Structure: The First Phase," *Language* 39, 1-13.

Brown, Roger (1973) *A First Language*, Harvard University Press, Cambridge, MA.

Brown, Roger, Courtney Cazden and Ursula Bellugi (1968) "The Child's Grammar from I to III," *Minnesota Symposia on Child Psychology, Vol. 2*, ed. by John P. Hill, University of Minnesota Press, Minneapolis.

Du Maurier, Daphne (1938) *Rebecca*, Modern Library, New York.

Du Maurier, Daphne (1959) *Rebecca*, translated by F. Calleja, Seix Barral, Barcelona.

Gvozdev, Aleksandr N. (1961) *Voprosy izučenija detskoj reči*, Akademija Pedagogičeskix Nauk RSFSR, Moscow.

Johnston, Judith R. and Dan I. Slobin (1979) "The Development of Locative Expressions in English, Italian, Serbo-Croatian and Turkish," *Journal of Child Language* 6, 531–547.

Matsumoto, Yo (2003) "Typologies of Lexicalization Patterns and Event Integration: Clarifications and Reformulations," *Empirical and Theoretical Investigations into Language*, ed. by Shuji Chiba et al., 403–418, Kaitakusha, Tokyo.

Matsumoto, Yo (in press) "Neutral and Specialized Path Coding: Toward a New Typology of Path-Coding Devices and Languages," *Broader Perspectives on Motion Event Descriptions*, ed. by Yo Matsumoto and Kazuhiro Kawachi, John Benjamins, Amsterdam.

Matsumoto, Yo and Dan I. Slobin (2002) "A Bibliography of Linguistic Expressions for Motion Events," *Meiji Gakuin Review* 684, 83–158. [Version of 2005 available at http://www.lit.kobe-u.ac.jp/~yomatsum/motionbiblio.html]

Mayer, Mercer (1969) *Frog, Where Are You*, Dial Press, New York.

Mikès, Melania (1967) "Acquisition des catégoires grammaticales dans le langage de l'enfant," *Enfance* 20, 289–298.

Mikeš, Melanija and P. Vlahović (1966) "Razvoj grammatičkih kategorija u dećjem govoru," *Prilozi Proučavaniju jezika, II*, Novi Sad.

Peters, Ann M. (1997) "Language Acquisition, Prosody, and the Acquisition of Grammatical Morphemes," *The Crosslinguistic Study of Language Acquisition, Vol. 5: Expanding the Contexts*, ed. by Dan I. Slobin, 135–198, Lawrence Erlbaum Associates, Mahwah, NJ.

Slobin, Dan I. (1966) "The Acquisition of Russian as a Native Language," *The Genesis of Language: A Psycholinguistic Approach*, ed. by Frank Smith and George A. Miller, 129–148, MIT Press, Cambridge, MA.

Slobin, Dan I. (1973) "Cognitive Prerequisites for the Development of Grammar," *Studies of Child Language Development*, ed. by Charles A. Ferguson and Dan I. Slobin, 175–208, Holt, Rinehart & Winston, New York.

Slobin, Dan I. (1982) "Universal and Particular in the Acquisition of Language," *Language Acquisition: The State of the Art,* ed. by Eric Wanner and Lila R. Gleitman, 128–172, Cambridge University Press, Cambridge.

Slobin, Dan I. (1985) "Crosslinguistic Evidence for the Language-Making Capacity," *The Crosslinguistic Study of Language Acquisition, Vol. 2: Theoretical Issues*, ed. by Dan I. Slobin, 1157–1256, Lawrence Erlbaum Associates, Hillsdale, NJ.

Slobin, Dan I. (1987) "Thinking for Speaking," *BLS* 13, 435–444.

Slobin, Dan I. (1996a) "From 'Thought and Language' to 'Thinking for Speaking,'" *Rethinking Linguistic Relativity*, ed. by John J. Gumperz and Stephen C. Levinson, 70–96, Cambridge University Press, Cambridge.

Slobin, Dan I. (1996b) "Two Ways to Travel: Verbs of Motion in English and Spanish," *Grammatical Constructions: Their Form and Meaning*, ed. by Masayoshi Shibatani and Sandra A. Thompson, 195–220, Clarendon Press, Oxford.

Slobin, Dan I. (1997) "Mind, Code, and Text," *Essays on Language Function and Language Type: Dedicated to T. Givón*, ed. by Joan Bybee, John Haiman and Sandra A. Thompson, 437–467, John Benjamins, Amsterdam.

Slobin, Dan I. (2004) "The Many Ways to Search for a Frog: Linguistic Typology and the Expression of Motion Events," *Relating Events in Narrative, Vol. 2: Typological and Contextual Perspectives*, ed. by Sven Strömqvist and Ludo Verhoeven, 219–257, Lawrence Erlbaum Associates, Mahwah, NJ.

Slobin, Dan I. (2005) "Relating Events in Translation," *Perspectives on Language and Language Development: Essays in Honor of Ruth A. Berman,* ed. by Dorit Diskin Ravid and Hava Bat-Zeev Shyldkrot, 115–129, Kluwer, Dordrecht.

Slobin, Dan I. (2006) "What Makes Manner of Motion Salient? Explorations in Linguistic Typology, Discourse, and Cognition," *Space in Languages: Linguistic Systems and Cognitive Categories*, ed. by Maya Hickmann and Stéphane Robert, 59–81, John Benjamins, Amsterdam.

Slobin, Dan I. (2017) "Afterword: Typologies and Language Use," *Motion and Space Across Languages: Theory and Applications*, ed. by Iraide Ibarretxe-Antuñano, 419–445, John Benjamins, Amsterdam.

Slobin, Dan I., Iraide Ibarretxe-Antuñano, Anetta Kopecka and Asifa Majid (2014) "Manners of Human Gait: A Crosslinguistic Event-Naming Study," *Cognitive Linguistics* 25, 701–741.

Sunshine, Andrew and Donna Jo Napoli, eds. (2004) *Tongue's Palette: Poetry by Linguists*, Atlantis-Centaur, Inc., Chicago.

Talmy, Leonard (1985) "Lexicalization Patterns: Semantic Structure in Lexical Forms," *Language Typology and Lexical Description, Vol. 3: Grammatical Categories and the Lexicon,* ed. by Timothy Shopen, 36–149, Cambridge University Press, Cambridge.

Talmy, Leonard (1991) "Path to Realization: A Typology of Event Conflation," *BLS* 17, 480–519.

Talmy, Leonard (2000) *Toward a Cognitive Semantics, Vol. 2: Typology and Process in Concept Structuring*, MIT Press, Cambridge, MA.

Tolkien, J. R. R. (1937) *The Hobbit or There and Back Again*, George Allen & Unwin, London.

Vargas Llosa, Mario (1977) *La Tia Julia y el Escribidor*, Seix Barral, Barcelona.

Vargas Llosa, Mario (1982) *Aunt Julia and the Scriptwriter*, translated by Helen R. Lane, Avon, New York.

複数局面ルートの移動事象を描写する表現の類型論的分析*

吉成祐子・アンナ=ボルジロフスカヤ・江口清子・眞野美穂

岐阜大学・東京大学・宮崎大学・鳴門教育大学

1. はじめに

　本稿は，空間移動表現の中でも，複数の経路局面（起点，通過点または通過領域，着点）を含む移動事象を描写する表現を取り上げ，言語類型に基づく言語間の相違・共通点を検証するものである．現時点で 11 の言語を対象に，様々な移動事象のビデオ映像を使用した言語産出実験を行った Kobe-NINJAL project[1] のデータのうち，「犬がサッカーゴールからベンチの下を通ってケージに入る」という複数の経路局面を含む移動事象を描写する場面に対する 5 言語（日本語，イタリア語，ロシア語，ハンガリー語，英語）の移動表現に焦点を当てる．[2] これらの言語は移動表現の類型において異なるグループに分けられるが（Talmy（2000），松本（2017）），複数経路を描写する表現では，言語間に共通する傾向や各言語に特有の傾向があるのだろうか．

　本稿で注目するのは，場面に含まれる多くの移動事象概念がどのように表出されるかである．特に，単一経路を表す移動表現だけでは見られなかった，事象分割（event segmentation）の傾向や，表出されない概念の傾向などに着目

---

　* 本稿は，ICLC 15 でのポスター発表（Bordilovskaya et al.（2019））をもとに加筆修正したものである．発表時に数々の有益なコメントを頂戴した．また，論文化にあたり，松本曜先生にも，的確なご意見や貴重なご助言を多数いただいた．先生の温かく継続的なご指導に感謝の意を表し，本稿を捧げたい．なお，本研究は，Kobe-NINJAL project，国立国語研究所「対照言語学に基づく日本語の音声と文法（動詞の意味構造班）」，科研費（C）（15K02753）の研究成果の一部である．

　[1] 国立国語研究所の共同研究プロジェクト『空間移動表現の類型論と日本語：ダイクシスに焦点を当てた通言語的実験研究』（研究代表者：松本曜）および『対照言語学の観点から見た日本語の音声と文法：動詞の意味構造班』（研究代表者：窪薗晴夫，班長：松本曜）

　[2] 対象とする各言語のデータ収集および分析担当者は，英語（眞野），ロシア語（ボルジロフスカヤ），ハンガリー語（江口），イタリア語（吉成），日本語（吉成・眞野）である．

し，分析を行う．さらに，これらの特徴を言語間で対照することによって，言語類型による違いがあるのかも明らかにする．

2.　移動表現の先行研究

2.1.　移動表現の言語類型

　移動表現には，移動物（Figure），参照物（Ground），経路（Path），様態（Manner）などの意味概念が含まれる．例えば，「ジョンは走って部屋に入った」という事象であれば，移動物は「ジョン」，参照物は「部屋」，経路は「(部屋の) 内部へ」という概念，様態は「走る」という移動の方法である．これらの意味概念をどのように表すのかは言語によって異なる．移動表現の言語類型でもっともよく知られるタルミーの類型論（Talmy（1985）ほか）は，経路がどのような言語形式で表されるのかに注目して世界の諸言語を分類している．日本語 (1) のように，経路を主動詞で表す言語を「動詞枠付け言語（verb-framed languages)」，英語 (2) のように，動詞以外の要素（(2) では前置詞）で表す言語を「付随要素枠付け言語（satellite-framed languages)」と呼ぶ．

> (1)　ジョンは 走って　部屋 - に　　入った.
> 　　　Figure　　Manner Ground-Path Path
> (2)　John　ran　　into　the room.
> 　　　Figure Manner Path Ground

　このタルミーの類型を踏襲しながらも，Matsumoto（2003 [2011]），松本（2017）では，用語の不適切性を指摘し，新たな用語を提唱している．Talmy（1991）は経路が示されるのは動詞か付随要素（動詞の姉妹の位置にあるもの）のどちらかであると定義しているが，英語では問題はないものの，例えば，ロシア語のように，接頭辞でも前置詞でも経路を表す言語の場合，付随要素の定義に問題が残る．つまり松本は，タルミーの言う「動詞」とは文の主要部，すなわち主動詞であり，対峙するのは「付随要素」ではなく，それ以外の形式すべてであるため，主要部外要素と呼ぶべきだとしている．本稿では，松本（2017）にならい，主要部で経路を表す言語を「経路主要部表示型」，主要部外で表す言語を「経路主要部外表示型」と呼ぶことにする．[3]

---

[3]　「枠付け」という用語の問題点も含め，詳細は松本（2017）を参照のこと.

2.2.　複数局面ルートの移動事象

　移動表現の類型については数多くの研究がなされているが，そのほとんどは
各移動事象概念（経路，様態など）がどのような言語形式で表出されるかに焦
点を当てたものである．移動事象に含まれる経路は1局面（例：「部屋に入っ
てきた」）を対象とすることが主で，多い場合でも2局面まで（例：「正門から
校舎まで走っていった」）である．また，2局面のルートを対象とした場合は，
どの経路局面が表出されやすいかという点から分析されることが多く，どの研
究においても，起点よりも着点のほうが描写されやすいといった非対称性が指
摘されている（Ibarretxe-Antuñano（2009），Lakusta and Landau（2005）な
ど）．しかし，そのパターンは通言語的なものなのか，類型の影響を受けてい
るものなのかなどは未だ解明されていない．また，起点と着点との比較はなさ
れているが，通過点と起点・着点を比較しているものも少ない．

　複数局面ルートの移動事象を描写する表現を取り上げたものとして特筆すべ
き研究に，Bohnemeyer et al.（2007）がある．三角形や円形などの抽象物が
複数局面ルートを移動するアニメーションを描写する言語実験を用いた研究
で，実験は28言語を対象に行われている．そこでは，複数の経路局面をどの
ように分割し，構文化するのかによって，言語を3つのタイプに分け，タル
ミーの類型論との関わりを論じている．例えば，起点・通過点・着点の局面を
持つ複数局面ルートの移動事象を表現する場合，（3a）のように，1つのマク
ロ・イベントとして表現するタイプ I，（3b）のように，起点・着点局面を統
合して1つのマクロ・イベントとし，通過局面を別にするタイプ II，（3c）の
ように，各局面を別々のマクロ・イベントとしてコード化するタイプ III に分
類される．

(3)　a.　Floyd went from Nijmegen across the river to Elast.
　　　b.　Floyd went from Nijmegen to Elast, crossing the river.
　　　c.　Floyd left Nijmegen, crossed the river, and arrived in Elast.

　　　　　　　　　　　　　　　　　　　　　　（Bohnemeyer et al.（2007: 498））

　つまり，タルミーの類型論による付随要素枠付け言語はタイプ I に，動詞
枠付け言語の多くはタイプ II に，動詞枠付け言語の中で，経路が必ず動詞で
表され，1つの動詞句で複数の場所変化を表すような構文を持たない言語はタ
イプ III に分類できるとしている．このような分類に対し，本稿では，
Bohnemeyer et al.（2007）が考察対象としていなかったロシア語・ハンガリー
語・イタリア語を加えて実験を行い，この分類の妥当性について検証する．実

験においては，抽象物ではなく犬を移動物とした映像を用い，より現実世界に近い事象を描写するようデザインしている．すでに，Yoshinari et al. (2017)では，同様の実験・分析を，日本語，英語を対象に行なっており，経路局面表出において，起点・着点の非対称性だけでなく，両言語で着点，通過点，起点の順で表出頻度が高いことを明らかにしている．しかし，この傾向が多くの言語に共通しているかどうかは定かではなく，類型論的な観点からも，2つの言語しか比較対象としていない点に問題が残る．事象分割のパターンと類型との関わりを検証するためにも，同類型グループ内での言語比較が必要である．

2.3.　対象とする各言語の移動表現の特徴

　本稿で対象とする言語は，日本語・イタリア語（経路主要部表示型言語）と，ロシア語・ハンガリー語・英語（経路主要部外表示型言語）であり，類型的に2つのグループに大別される．以下に各言語の特徴を紹介する．

2.3.1.　日本語の特徴

　日本語はすでに述べたように，経路を主要部で表す経路主要部表示型言語に分類される．移動事象を描写する際の傾向として，「部屋に入っていった」「階段を上ってきた」のような複雑述語が用いられることが多く（古賀（2017），吉成他（2016）），また，様態は「走って」「踊りながら」のように，動詞の従属形で表されることが多い．

　複数局面ルートの移動事象については，2局面ルート（4a）あるいは3局面ルート（4b）の場合でも，経路は動詞で表される．しかし，（5）のように，2つの経路局面を1つの節内で表すことも可能である．

(4) a.　犬はゴールから出て，ケージに入った．
　　b.　犬はゴールから出て，ベンチの下をくぐって，ケージに入った．
(5)　　犬はゴールからケージに入った．

2.3.2.　イタリア語の特徴

　イタリア語は日本語同様，経路主要部表示型言語に分類され，経路は主要部で表される（6a）．しかし，経路は主要部のみならず，ジェルンディオ（gerundio）と呼ばれる動詞形態を用いて従属節で表すこともできる（6b）．また，動詞の種類によって制限はあるものの，主要部で様態を，主要部外（副詞，前置詞）の要素で経路を表す経路主要部外表示型の表現（6c）も，多く用いられる（吉

成（2017）).

(6) a. *Il cane esce dalla tenda ed entra nella portantina.*
the dog exit.3SG from.the goal and enter.3SG in.the cage
（犬はゴールから出る．そしてケージの中に入る．）

 b. *E' entrato nel trasportino partendo dalla porta da*
be.3SG enter.PP in.the cage leaving from.the goal of
calcio.
soccer
（（犬は）サッカーゴールから離れて，ケージの中に入った．）

 c. *Il cane corre dalla porta da calcio dentro al*
the dog run.3SG from.the goal of soccer in to.the
trasportino.
cage
（犬はサッカーゴールからケージの中に走る．）

2.3.3. ロシア語の特徴

　ロシア語は経路主要部外表示型言語に分類され，経路は接頭辞（例：*pro-*'through'）や前置詞（例：*v* 'into'）などの主要部外要素で表示される．主要部では移動の様態が表現される（Hasko（2010))．

(7) a. *Sobak-a pro-beža-la pod skameik-oi*
dog-F.SG.NOM through-run-PST.F.SG under bench-F.SG.INS
v kletk-u.
in cage-F.SG.ACC
（犬がベンチの下をくぐって，ケージの中に走った．）

 b. *Sobak-a vy-beža-la iz vorot,*
dog-F.SG.NOM out-run-PST.F.SG out gate.PL.GEN
pro-beža-la pod skameik-oi,
through-run-PST.F.SG under bench-F.SG.INS
za-beža-la v kletk-u.
in-run-PST.F.SG in cage-F.SG.ACC
（犬がゲートから走り出て，ベンチの下を走り抜けて，ケージの中に走って入った．）

　複数の経路句は（7a）のように，1つの節内に生じることも可能であるが，（7b）のように，1つの動詞につき1つの接頭辞しか付加できないという語形成上の制約があるため，動詞の語幹を繰り返して表現することが多い．

2.3.4.　ハンガリー語の特徴

　ハンガリー語はロシア語同様，経路主要部外表示型言語に分類され，経路は動詞接頭辞（例：*át*-'through'）や格接辞（例：*-bA*[4] '*into*'），後置詞（例：*alá*-'to under'）などの主要部外要素で表示される．主要部では，（8a）のように様態が表現されることが多いが，（8b）のように，際立ちがない様態を描写する場合はダイクシス動詞が用いられることも多い（江口（2017））．

(8) a.　*A　kutya　　át-fut-ott　　　　a　pad　alatt　a*
　　　　the　dog.NOM　through-run-PST.3SG　the　bench　under　the
　　　　ketrec-be.
　　　　cage-ILL
　　　　（犬がケージへとベンチの下を走り抜けた．）

　　b.　*A　kutya　　át-ment　　　　　a　pad　alatt　és*
　　　　the　dog.NOM　through-go.PST.3SG　the　bench　under　and
　　　　be-ment　　　　a　ketrec-be.
　　　　into-go.PST.3SG　the　cage-ILL
　　　　（犬がベンチの下を通っていって，ケージの中に入っていった．）

　（8a）のように，複数の経路句が1つの節内に生じることは文法的には可能であるが，ロシア語と同様に，1つの動詞につき1つの動詞接頭辞しか付加できないという制約があるため，（8b）のように，動詞の語幹を繰り返し用いて表現することが多い．

2.3.5.　英語の特徴

　英語は典型的な経路主要部外表示型言語に分類され，経路はその種類（起点・通過点・着点）にかかわらず，ほとんどの場合，不変化詞（例：*up*）や前置詞（例：*into*），つまり主要部外の要素によって表される．主要部では，（9）のように移動の様態が表されることが多い（松本（2017））．また，複数の経路

---

　[4] ハンガリー語には母音調和の現象が見られ，*-ba/-be* という2種類の異形態が見られることを示す．

句が問題なく 1 つの節内に生じることが可能であり，単文で複数局面ルートが表現される．

(9) A dog ran out of the goal under the bench into the cage.

3. 調査概要

本稿で分析対象とするのは，複数局面ルートを含む移動事象を描写する際の表現である．これは，Kobe-NINJAL project（C 実験）で作成された，様々な移動経路や移動の様態を組み合わせた移動事象 44 場面のビデオ映像（各 2 〜 8 秒）を用い，口頭で描写させる言語産出実験によって収集したデータの一部である．犬が走る場面で，起点（サッカーゴールの中），通過点（ベンチの下），着点（ケージの中）の経路局面を 2 つまたは 3 つ組み合わせた 4 場面を分析する．図 1 にあるように，① 起点 – 通過点 – 着点，② 起点 – 着点，③ 起点 – 通過点，④ 通過点 – 着点，の 4 場面である．

実験参加者は，日本語話者 15 名（男性：4 名，女性：11 名），イタリア語話者 15 名（男性：7 名，女性：8 名），ロシア語話者 15 名（男性：4 名，女性：11 名），ハンガリー語話者 15 名（男性：3 名，女性：12 名），英語話者 15 名（男性：5 名，女性：10 名）である．

①起点-通過点-着点を含む移動事象

②起点-着点を含む移動事象

③起点-通過点を含む移動事象

④通過点-着点を含む移動事象

図 1. 言語産出実験で使用した移動事象の 4 場面

　実験ではパソコンを使用し，実験手順の教示や例などは，画面上に各言語で説明される．実験参加者には 1 場面ごとに口頭で描写してもらうが，特に時間や表現の長さに関して制限はなく，発話はすべて録音された．録音されたデータはすべて文字起こしをし，各言語で得られた言語表現は共通の基準でコーディングが行われた．本稿で対象とする 4 つの場面は，移動主体である犬の移動の様態（走る），および 2 つあるいは 3 つの経路局面が含まれた移動事象である．各場面に含まれるこれらの移動事象概念がすべて言語化されるのか，また，どのような言語形式で表出されるのかを分析する．

　第 1 に，類型に関わるもっとも重要な要素として，各経路が文中のどの位置で表されているのかを検証する．第 2 に，すべての移動事象概念がどのくらいの割合で表出されているかを確認する．経路が複数になれば表出されない経路局面がある可能性も考えられるからである．第 3 に，経路の表出の仕方に注目する．様々な表現形式で表すことができる経路概念が起点，通過点，着点という種類の違いによって表出されやすい言語形式があるのか，どの経路局面をマクロ・イベントとみなし，事象分割をするのかなどを検証する．

4.　結果と考察

4.1.　経路表出位置

　まず，経路概念がどの位置で表出されているのかを確認するため，各言語の経路主要部表出割合を図 2 に示す．ここでは，場面ごとの描写（1 発話）において経路が主要部で表されていれば，その発話は経路主要部表示型であるとしている．つまり，複文では主節の主要部，重文の場合は各節の主要部のどこかで経路が表されている場合である．実際には，すべての発話において経路は主要部外でも必ず表出されているので（例：ケージに入った），経路主要部表示型は常に複数の位置で表出されていることになる．そして，それ以外は主要部外でのみ表示されていることもわかる．ただし，日本語については「入っていった」のような複雑述語の前項で経路を表す形式をとるため，準主要部（松本（2017））とも呼べる位置でも経路を表している．この結果を見ると，複数局面ルートの移動事象を描写する場合でも，日本語・イタリア語は経路主要部表示型の表現を，ロシア語・ハンガリー語・英語は経路主要部外表示型の表現を使用することがわかる．

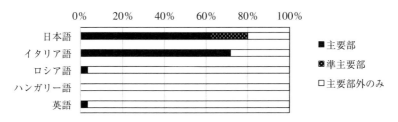

図2.　全4場面における各言語の経路表出位置

4.2.　移動事象概念への言及

　それぞれの場面に含まれる移動事象概念は，様態（走る），および経路（起点，通過点，着点）だが，すべての概念が必ず表現されるとは限らない．その割合を調べるために，各移動事象概念の言及率をまとめたものが表1である．1発話内で一度でも当該移動事象概念が言及されていれば1，逆に2回以上の言及があっても1と数え，その割合を求めた．

表1.　各移動事象概念の言及率

	様態	経路		
		起点	通過点	着点
日本語	36.7%	57.8%	91.1%	97.8%
イタリア語	51.7%	73.3%	91.1%	100%
ロシア語	93.3%	62.2%	86.7%	100%
ハンガリー語	91.7%	57.8%	91.1%	100%
英語	93.3%	68.9%	93.3%	97.8%

　各移動事象概念の言及率を見てみると，様態については，経路主要部外表示型であるロシア語・ハンガリー語・英語で言及率が高く，経路主要部表示型である日本語・イタリア語で低いことがわかる．この言及率の低さは，主要部で経路を表していることと関わっている．表1は，表現位置に関係なく各移動事象概念が言及された割合を示したものであるが，主要部の位置に限った場合における様態の言及率は，英語93.3%，ハンガリー語88.3%，ロシア語96.7%，イタリア語35.0%，日本語33.3%（すべて準主要部）となっている．つまり，主要部で様態を表さなければ，様態の概念そのものに言及しないことがわかる．

　経路ごとの言及率に関しては，どの言語でも，どのような経路局面の組み合

わせでも，着点がもっとも表出頻度が高く，通過点がその次に続き，起点が
もっとも低かった．これは類型に関わらず，すべての言語共通の傾向となって
いる．先行研究では起点・着点の非対称性が指摘されてきたが，それを支持す
る結果であるといえる．

4.3.　事象分割の傾向

　次に，事象分割の傾向を見る．前節の結果からわかるように，得られたデー
タは各場面の経路局面すべてを表出している発話ばかりではなかった．本節で
は，複数の経路局面を含む移動事象において，どの経路局面がどのように表出
されているのか，その事象分割の傾向を検証するため，それぞれの場面が含む
経路局面すべてを表出した発話のみを対象とする．そこでまず，各場面におい
てすべての経路局面が表出されていた発話の割合をまとめる（表2）．言語や
場面によって，すべての経路局面を表出する発話の割合は異なるが，必ずし
も，経路局面の数が増えればすべてを表出する発話が少なくなるわけではない．

表2.　すべての経路局面を表出している発話の割合

場面／言語	①起点-通過点-着点	②起点-着点	③起点-通過点	④通過点-着点
日本語	60.0%	40.0%	66.7%	86.7%
イタリア語	73.3%	66.7%	73.3%	86.7%
ロシア語	46.7%	60.0%	46.7%	80.0%
ハンガリー語	46.7%	66.7%	53.3%	86.7%
英語	66.7%	66.7%	53.3%	93.3%

　また，2局面（②〜④）でも，経路の組み合わせによって，両経路局面が表
出されやすいものとそうでないものとの違いもあるようだ．例えば，④通過
点-着点場面はどの言語でも両経路を表出する割合が高いが，他の場面は言語
によって傾向が異なる．
　複数経路局面を含む移動事象の描写において，それらをどのように事象分割
して表現しているのかを検証するため，以下では，すべての経路局面に言及し
ていた発話において，各場面で各経路局面がどのように事象分割され，表現さ
れているのかを確認していく．

4.3.1.　経路局面 3 つの場面

　まず，経路局面が 3 つの場面（図 1 ①）を取り上げる．Bohnemeyer et al.（2007）は，起点–通過点–着点を事象分割するタイプとして，すべての経路局面を 1 つのマクロ・イベントとして表出するタイプ I，起点と着点を統合し，通過点を別に表出するタイプ II，すべての経路局面を別々のマクロ・イベントとして表出するタイプ III を提示しているが，すべての経路局面に言及した発話を対象に，それぞれのタイプの表現の割合を言語ごとにまとめたものが，図 3 である．

　図 3 より，3 つの経路局面を含む場面を表す事象分割のタイプは，言語によってその傾向に違いがあることがわかる．Bohnemeyer et al.（2007）は，動詞枠付け言語（経路主要部表示型に相当）の多くはタイプ II，付随要素枠付け言語（経路主要部外表示型に相当）はタイプ I に分類されるとしているが，図 3 を見ると，類型グループ内においても異なる傾向があることがわかる．

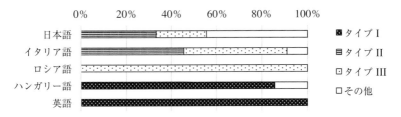

図 3.　場面①（起点–通過点–着点）における各言語の事象分割タイプ

　経路主要部表示型言語である日本語とイタリア語では，ともにタイプ I の使用はまったく見られなかったものの，イタリア語は起点や着点を主節の前置詞句で，通過点を従属節で表すタイプ II と同程度に，すべての経路局面をそれぞれの節で表すタイプ III の使用も見られた．日本語もタイプ II の使用があるものの，一番多かったのが，どのタイプにもあてはまらない「その他」であった．これはすべて，「犬がゴールからベンチをくぐって，ケージに入った」のように，起点と通過点を統合し，着点を別に表出しているように見えるパターンであった．[5] Bohnemeyer et al.（2007）では見られなかったとされるパ

---

[5] 語順が比較的自由な日本語では，起点句が着点を表す節にかかる可能性も否定できない．本稿では，「ゴールからベンチをくぐってケージに入った」の文は起点と通過点が統合されたもの（「その他」），「ゴールからベンチをくぐってケージに入っていった」の文は起点句が着点を表す節にかかっているもの（「タイプ II」）とした．その根拠として，1) 起点–通過点の 2 局面場面で「犬がゴールからベンチの下をくぐりぬけた」のように，起点と通過点が統合されて

ターンであるが，イタリア語とハンガリー語にも1例ずつこのパターンが観察された.

　一方，経路主要部外表示型言語では，英語で93.3％，ハンガリー語で85.7％と高い割合で，単文で表すタイプIの表現が用いられていたが，ロシア語はその使用がまったくなく，常にタイプIII（2.3.3節（7b））が使用されていた.

　ただし，表2で見たように，ロシア語とハンガリー語では，3つの局面すべてに言及して発話する割合は，両言語ともに46.7％となっていた.つまり，半数の発話で一部の経路局面が無視された描写がなされているということである.経路を前置詞句などの経路句のみで表す英語のような言語では，複数の経路句を問題なく1つの節内に生じさせることができる.それに対し，ロシア語とハンガリー語は通常，動詞接頭辞と前置詞句などの経路句の両方で経路を表す.動詞接頭辞が付加された場合，その指定は表される移動経路全体にまたがるため，その指定に収まらない経路局面は，同一節内で表しにくくなり，3つの局面すべてに言及する割合が低いという傾向が共通して見られる.

　しかし，すべてを表出する場合の表現方法は異なる.ロシア語では，*pro*-‘through’という接頭辞を用いれば，同一節内で3つの経路を表すことが文法的には可能だが，今回の調査ではそのような表現は見られなかった.またこの場面では，接頭辞を用いず前置詞句だけで各経路局面を描写する英語型の表現パターンは考えられず，すべての経路局面を描写するには，事象を分割して重文で表現するという選択が行われた.一方，ハンガリー語の動詞接頭辞は経路に加えて事象の完結性にも関わり，非完結の事象の描写では，経路を名詞句のみで表す英語型の表現が用いられる.本研究で分析対象とした場面①は完結事象であり，接頭辞を付加した動詞を用いる必要があったため，動詞に *be*-‘to. in’, *ki*-‘out’, *át*-‘through’のいずれかの経路を表す動詞接頭辞を付加し，少し違和感はあるものの，非完結事象の描写に並行して，名詞句で3つの経路局面を表す方法がとられたと考えられる.

4.3.2.　経路局面が2つの場面
　3つの経路局面を含む移動事象の描写では，起点-着点が1つのマクロ・イベントとして事象分割されることを前提にタイプ分けを見てきたが，そもそ

いる表現が見られたこと，2)「ゴールからケージに入った」という表現では起点と着点の隣接の条件が必要になると考えられることがあげられる.

も，2つの経路局面の移動事象の描写において，起点-着点の移動事象の場合
は，1つのマクロ・イベントとして認識されるのか，また，それ以外の組み合
わせの場合はどのように事象分割されるのだろうか．

　表3は，2つの経路局面を含む場面②〜④を対象に，両経路局面が1つのマク
ロ・イベントとして1つの節で表されている割合を示したものである．

表3. 2局面場面において1つの節で両経路が表されている発話の割合

言語＼場面	②起点-着点	③起点-通過点	④通過点-着点
日本語	50.0%	20.0%	0%
イタリア語	30.0%	0%	0%
ロシア語	44.4%	14.3%	33.3%
ハンガリー語	90.0%	25.0%	46.2%
英語	90.0%	100%	92.9%

　場面別に数値を見てみると，英語のみ，経路の種類に関わりなく，ほぼ常に
2つの経路局面を1つの節で表していることがわかる．一方，その他の言語で
はそれぞれ特有の傾向が見られる．ただし，いずれの言語でも，起点-着点を
1つの節として表す割合は，通過点を含む他2場面よりも高くなる傾向は共通
している．

　起点-着点が英語と同様に高い割合で1つの節で表されるのは，ハンガリー
語である．ただし，通過点を含む2場面の場合，起点-通過点（25.0%），通過
点-着点（46.2%），と，その割合は低い．起点-着点場面の描写については，
起点を動詞接頭辞で，着点を格接辞で表すことができるが，通過点を表すため
には別の動詞接頭辞が用いられることが多く，新たに別の動詞語幹が必要とさ
れるため，1つの節で表す単文の使用率は低くなる傾向にあると考えられる．

　ロシア語では，他の経路主要部外表示型言語とは異なる傾向，すなわち，3
つの経路局面を含む場面において，タイプⅢの使用が多いという特徴が見ら
れた．2つの経路局面を含む場面の描写においても，両経路局面が1つの節で
表される割合は低く，多くは等位節で表出される．これはロシア語が，経路主
要部外要素のうち，2つの要素（接頭辞・前置詞）を組み合わせて経路を表す
ことが多いという特徴に起因する．つまり，接頭辞を用いるために，各経路局
面につき1つの動詞語幹が必要となるため，複数節を等位接続する重文の使
用が多くなると考えられる．

　これらの経路主要部外表示型言語3つを比較すると，必ずしも，複数局面ルートを含む移動事象を表現する際，1つの事象として表すとは限らないことがわかる．

　次に，イタリア語の傾向を考察する．イタリア語で特徴的なのは，通過点を含む2局面場面において，単文の使用はなく，複文や重文が用いられることである．これは，通過点が前置詞句で表されることはなく，主要部や（10）のような従属節（*passando* 'passing'）で表出されるからである．通過点が従属節で表される割合は，日本語よりも高い（起点–通過点：イタリア語36.3%・日本語30.0%，通過点–着点：イタリア語53.8%・日本語0%）．特筆すべきは，従属節で表されるのは，通過点を含む事象のみである点である．つまり，経路局面の種類によって，好まれる表現方法が異なることを示しているといえるだろう．

(10) 　*Corre　nella cuccia passando sotto　la　panchina.*
　　　run.3SG in.the cage　　passing　under the bench
　　　（（犬は）ベンチの下を通り過ぎてから，ケージの中に走る．）

　日本語は，通過点を含む2局面では複文や重文の使用が多いが，起点–着点は，半数の発話において1つの節で表出されている．つまり，「ゴールからケージに走っていった」のように，起点は動詞を必要としない傾向があるといえる．

5.　おわりに

　複数局面ルートを含む移動事象を描写する表現を5言語で検証した結果，共通の傾向と各言語特有の傾向の両方を明らかにした．

　まず，複数局面ルートを含む移動事象の描写においても，単一経路の描写の際と同様に，移動事象概念の表現形式（どこで経路を表すのか）は，どの言語も自らの移動表現の言語類型の表現パターンを外れない表現を用いることがわかった．つまり，日本語・イタリア語では経路は主要部で表され，ロシア語・ハンガリー語・英語では主要部外で表されていた．興味深い点は，移動事象概念への言及を見ると，経路概念の言及率の高さから，主要部で表されない経路は主要部外で表出されるが，様態は主要部で表出されなければ他の表現位置でも表出されない傾向にあることである．これは，主要部外で表示する表現形式（日本語では「駆け足で」「急いで」など）が，本稿の対象移動事象内の移動物である「犬」に用いられにくいという理由も考えられる．

次に，言語間で共通して見られた特徴として，経路の種類によって表出の仕方に差異が見られた点があげられる．先行研究では起点–着点の非対称性が指摘されてきたが，本稿では，起点・通過点・着点の3局面と，それぞれの2局面ルートを比較することによって，起点，通過点，着点の順に表出される頻度が高くなることを明らかにした．これはどの言語でも共通しており，2局面であってもこの順序に変化はなかった．

最後に，言語特有の傾向としてあげられるのが，事象分割のパターンの違いである．3局面の場面では，経路主要部外表示型言語の英語・ハンガリー語でタイプ I の特徴が見られたが，ロシア語は使用頻度の観点から，タイプ III の言語であることがわかった．また経路主要部表示型言語内でも違いがあり，イタリア語ではタイプ II と III が同程度用いられる一方で，日本語ではどのタイプにも当てはまらない，起点・通過局面を統合して1つのマクロ・イベントとし，着点局面を別にするパターンが多く見られた．このことから，類型パターンと事象分割のタイプが必ずしも一致するわけではないことが明らかにされた．例えば，ロシア語とハンガリー語はどちらも動詞につく接頭辞を使う言語であるが，ロシア語は動詞を繰り返す方法を好んで使用する経路主要部表示型言語と同じパターンを見せるのに対し，ハンガリー語は1つの節で複数の経路局面を表す表現を好む．ハンガリー語の動詞接頭辞は事象の完結性に関わるものであり，非完結事象の描写には，英語型の表現が問題なく可能であるため（Eguchi and Bordilovskaya (2017)），完結事象の描写の際にも若干の違和感がありながらも，この表現パターンが使用されると考えられる．一方，ロシア語では，アスペクトを問わず，英語型の表現は好まれない．

本稿が対象とした4場面は，犬という移動物の特殊性や，様態が限られていることなどの問題が残る．経路局面も1種類ずつの検証であるため，より多くの種類について，さらに検証する必要があるだろう．また，日本語で多く見られた新しい統合のタイプは，イタリア語，ハンガリー語でも観察されたことからも，他言語でも用いられている可能性がある．今後の課題としたい．

略号一覧

ACC: accusative case, F: feminine, GEN: genitive case, ILL: illative case, INS: instrumental case, NOM: nominative case, PL: plural, PP: past participle, PRF: perfective, PST: past tense, SG: singular

参考文献

Bohnemeyer, Jürgen, Nicholas J. Enfield, James Essegbey, Iraide Ibarretxe-Antuñano, Sotaro Kita, Friederike Lüpke and Felix K. Ameka (2007) "Principles of Event Segmentation in Language: The Case of Motion Events," *Language* 83(3), 495–532.

Bordilovskaya, Anna, Kiyoko Eguchi, Miho Mano and Yuko Yoshinari (2019) "Inter- and Intra-Typological Variations of Complex Trajectory Motion Events," *ICLC* (*International Cognitive Linguistics Conference*) 15, Kwansei Gakuin University, Hyogo, August 7.

江口清子 (2017)「ハンガリー語の移動表現」『移動表現の類型論』，松本曜（編），39–64，くろしお出版，東京.

Eguchi, Kiyoko and Anna Bordilovskaya (2017) "A Study of the Functions of Verbal Prefixes in Russian and Preverbs in Hungarian: An Analysis of Motion Event Description." *ICLC* 14, University of Tartu, Estonia, July 11.

Hasko, Victoria (2010) "Semantic Composition of Motion Verbs in Russian and English," *New Approaches to Slavic Verbs of Motion,* ed. by Victoria Hasko and Renee Perelmutter, 197–224, John Benjamins, Amsterdam.

Ibarretxe-Antuñano, Iraide (2009) "Path Salience in Motion Events," *Crosslinguistic Approaches to the Psychology of Language,* ed. by Jiansheng Guo, Elena Lieven, Nancy Budwig, Susan Ervin-Tripp, Keiko Nakamura and Şeyda Özçalışkan, 403–414, Psychology Press, New York.

古賀裕章 (2017)「日英独露語の自律移動表現——対訳コーパスを用いた比較研究」『移動表現の類型論』，松本曜（編），303–336，くろしお出版，東京.

Lakusta, Laura and Barbara Landau (2005) "Starting at the End: The Importance of Goals in Spatial Language," *Cognition* 96, 1–33.

Matsumoto, Yo (2003 [2011]) "Typologies of Lexicalization Patterns and Event Integration: Clarifications and Reformulations," *Empirical and Theoretical Investigations into Language: A Festschrift for Masaru Kajita,* ed. by Shuji Chiba et al., 403–418, Kaitakusha, Tokyo. [Reprinted in *Cognitive Linguistics: Critical Concepts in Linguistics, Vol. III,* ed. by Adele E. Goldberg, 422–439, Routledge, London, 2011.]

松本曜（編）(2017)『移動表現の類型論』，くろしお出版，東京.

Talmy, Leonard (1985) "Lexicalization Patterns: Semantic Structure in Lexical Forms," *Language Typology and Syntactic Description, Vol. 3: Grammatical Categories and the Lexicon*, ed. by Timothy Shopen, 57–149, Cambridge University Press, Cambridge.

Talmy, Leonard (1991) "Path to Realization: A Typology of Event Conflation," *BLS* 17, 480–519.

Talmy, Leonard (2000) *Toward a Cognitive Semantics, Vol. II: Typology and Process in Concept Structuring,* MIT Press, Cambridge, MA.

吉成祐子 (2017)「イタリア語の移動表現」『移動表現の類型論』, 松本曜 (編), 189-211, くろしお出版, 東京.

吉成祐子・眞野美穂・江口清子・松本曜 (2016)「第二言語における移動事象の言語化——日本語話者が用いる英語とハンガリー語の研究」*Studies in Language Sciences* 15, 142-174.

Yoshinari, Yuko, Fabiana Andreani and Miho Mano (2017) "Reconsideration of Path Salience in Motion Events: Coding Patterns of Multiple Paths in Italian, Japanese and English," *ICLC* 14, University of Tartu, Estonia, July 11.

環状移動を表すタイ語動詞 *won* の語彙相*

高橋　清子

神田外語大学

1.　はじめに

　私には 2 人の言語学の恩師がいる．大学院生時代に学問のみならずあらゆる面において面倒を見てくださった Kingkarn Thepkanjana 教授と，博士論文の審査委員を引き受けてくださって以来，私の拙い論考や発表内容に対しあきれ顔を見せることなく常にピシッと要点を押さえた明晰なコメントを返してくださっている松本曜教授である．おふたりの個性は違うが，おふたりに共通しているのは常日頃の態度や行動が研究者の模範を体現されている点である．松本先生にはつい先日も，何度も書き直した拙稿（Takahashi (to appear)）を読んでいただいた．超人的なお忙しさにも拘らず，書き直すたびごとに丁寧に読んでくださり，加筆すべきところや再考すべきところを的確に指摘してくださる．思い起こせば，これまで学位論文の入手方法からエクセルの使い方やスクリーンショットの仕方まで様々なことを教えてくださった．私の求めに応じて動詞連続構文に関する御自身の文献コレクションをわざわざ送ってくださったこともある．感謝に堪えない．知識が浅く頭の働きが鈍い私は，申し訳ないことに，松本先生からいただいたコメントの趣旨を即座に理解できないことがある．数日後あるいは数週間後，ときには数ヶ月経ってから思い出して「そういうことだったのか」と気付く．しかし本稿の執筆を動機付けたのは，そうしたいつもの気付きとは異なる種類の気付きであった．松本先生から指摘を受けた

　* 本研究は科研費の助成を受けた研究（基盤研究（B）15H03206「移動表現による言語類型論：実験的統一課題による通言語的研究」研究代表者：松本曜）および国立国語研究所共同研究プロジェクト「対照言語学の観点から見た日本語の音声と文法」（プロジェクトリーダー：窪薗晴夫）傘下のサブプロジェクト「動詞の意味構造」（リーダー：松本曜）の成果の一部である．當野能之氏には草稿を読んでいただき内容改善に役立つ多数のコメントをいただいた．感謝申し上げる．残る不備や誤りは筆者の責任である．

ときには「なるほど」と納得できたのに，その後しばらくして「本当にそうだ
ろうか」と疑問が湧いたのである．その松本先生の指摘とは，継続的な移動事
象を表すタイ語動詞の下位分類――それまで私はいわば直感的に won 'circle',
taam 'follow', *lɔ̂ʔ* 'move along, skirt', *lîap* 'move along, skirt, hug' といっ
た動詞を達成相の動詞として分類していたのだが――その分類に関して呈され
た次のような疑問である．「これらの動詞は，終結点のある（telic な）事象を
表すのではなく，終結点のない（atelic な）事象を表すのではないか」．
Vendler (1967) の用語を使って言い換えれば，「これらの動詞の語彙相は達成
相 (accomplishment) ではなく活動相 (activity) ではないのか」．

　本稿の目的は次の3つにまとめられる．第1に，円を描いてまわる環状移
動を表す動詞 won の実際の使用例を調査し，様態動詞として使われているの
か経路動詞として使われているのかを明らかにする．第2に，won の語彙相
は活動相なのか達成相なのかを明らかにする．第3に，「様態動詞と経路動詞
は語彙相によって区別できる」という高橋 (2017: 138-141) の考えの妥当性
を検証する．

　タイ語の自発的回転移動事象（まわる事象）を表す動詞（won を含む）の意
味の弁別素性や意味拡張の様相については，過去にタイ国立電子コンピュータ
技術研究センターが所有する電子コーパスを利用して考察したことがある（第
2節）．本稿の分析には，NINJAL-Kobe Project on Motion Event Descrip-
tions across Languages (MEDAL) の一環として実施したビデオ実験C（タイ
語版）から得られた発話データとインターネット上に公開されているタイ語の
大規模電子コーパス TNC: Thai National Corpus (Third Edition) から収集し
た用例データを利用する．実験発話データを用いて won の様態動詞としての
可能性について検討し（第3節），コーパス用例データを用いて won の語彙相
（活動相か達成相か）と動詞タイプの帰属（様態動詞か経路動詞か）について分
析を試みる（第4節）．それらの分析結果をもとにタイ語移動動詞の分類につ
いて議論を深める（第5節）．[1]

---

[1] 本稿は Takahashi (1998) および高橋 (2000) の内容を発展させたものである．バンコク
の大学院に在籍していた当時，科学技術開発庁管轄下のタイ国立電子コンピュータ技術研究セ
ンターに出向き，コーパス利用許可願を提出して，同センター所有の非公開の電子コーパスか
ら用例データを収集してもらい，それをフロッピーディスクに保存してもらって持ち帰った．
一方，本稿の用例データは誰でもいつでもどこでも自由にインターネット上で利用できる電子
コーパス TNC <http://www.arts.chula.ac.th/~ling/tnc3/> から収集した（検索日：2019年3月
2日）．隔世の感を禁じ得ない．ビデオ実験C（タイ語版）は2016年7-8月にバンコクで実施

2. 自発的回転移動を表す 3 つの動詞の意味

まわる事象を表すタイ語の 3 つの移動動詞 ── ① won, ② wian, ③ mǔn ── の意味に関する先行研究 (Takahashi (1998), 高橋 (2000)) の内容を以下に要約する.

1. ① won 'circle, whirl, hover' は, ある区切られた空間 (あるいは何らかの形で範囲を規定できる空間) に存在する連続した物質 (風などの気体や水などの液体) の環状移動を意味する (例：回る風＝竜巻, つむじ風；回る淵＝渦巻). 移動の様態を表す動詞 (漕ぐ, 飛ぶ, 歩くなど) に続くと, 輪郭を持つ個体の一定範囲内での環状移動 (広い視点から見てある範囲に留まったくるくる円を描いてまわる動き) を表す (例：池の中を漕ぎ回る, 首都の上空を旋回する, 木の周囲を歩いて回る). ② wian 'circle, revolve, orbit' は, 単一あるいは複数の参照点によって定まる経路を巡る回転移動を表す (例：土星が巡ってくる, 様々な都市を巡る). 太陽を巡る惑星の軌道のように 1 つの参照点を中心とする円周型経路であってもよいし, 多くの場所を経由して元の場所に戻る回覧板の回覧ルートのようにいくつかの参照点を巡る鎖輪型経路であってもよい. 移動の様態を表す動詞に続く場合, その移動の経路が何かを参照点とした円を描くことを表す (例：ハチが飛び回り花のしべにたわむれる). ③ mǔn 'turn, revolve, spin, rotate, whirl, circulate, wheel' は, ある有機的組織体が総体的に回転すること, つまり個体の軸を中心とした連続回転を表す (例：地球が自転する, 弾丸がくるくるとらせん状に回転する). これら 3 つの動詞の意味には「①制限空間」「②限定経路」「③有機的組織体の総体的回転」という図式的な空間概念がそれぞれ関わっている. タイ語話者はこれらを弁別素性として自発的回転移動事象を 3 つに分類している.

2. ① won と② wian は自発的な回転移動しか表せないが, ③ mǔn は外力によって引き起こされた使役的な回転移動も表せる. 初めから終わりまで力を加え続けなければならない使役的回転移動 (例：調整つまみを回す) も, 一度だけ力を加えて後は惰性に任せる使役的回転移動

し, タイ語母語話者 43 名 (男性 10 名, 女性 33 名；13 歳〜 57 歳；平均年齢 29.3 歳) が参加した. 松本先生を中心とする共同研究に参加させていただき, 多数のタイ語話者の発話を収集し分析するという貴重な機会を得た. 改めて松本先生に感謝申し上げたい.

（例：独楽を回す）も，両方表すことができるが，後者の場合，他の使役的回転移動動詞（*pàn* 回す）が使われることが多い．また① *won* と② *wian* は様態を表す移動動詞の後ろに生起してその移動の経路を特定するが，③ *mǔn* にはそうした機能がない．③ *mǔn* が表す回転移動は自らの軸を中心としてその場で回転する位置が固定された動きである．③ *mǔn* は移動の経路よりむしろ移動の様態を前景化する動詞である．

3. 3つの動詞のいずれか2つが組み合わされて複合動詞を形成するとき，次のいずれかの組み合わせになる．①② *won wian*，②① *wian won*，③① *mǔn won*，③② *mǔn wian*．アステリスク * をつけた次の組み合わせは Bradley（1873）に記載があるものの現代タイ語では使用されていない．*①③ *won mǔn*，*②③ *wian mǔn*．つまり，③ *mǔn* が① *won* あるいは② *wian* と組み合わされるときは必ず③ *mǔn* が先行する，そして① *won* と② *wian* が組み合わされるときはそのどちらが先行してもかまわない，ということである．タイ語では移動の様態を表す動詞と移動の経路を表す動詞は「様態動詞＋経路動詞」の順に生起する．③ *mǔn* はより様態動詞に近く，① *won* と② *wian* はより経路動詞に近い．

4. それぞれの動詞の原型的意味（空間移動の意味）に内包された「①制限空間」「②限定経路」「③有機的組織体の総体的回転」という図式的空間概念が意味拡張を動機付け，それぞれに特徴的な抽象的意味を成立させている．① *won* は「仕事が堂々巡りではかどらない」「混乱と暗愚をさまよっている」などの心理的表現に使われる．これらは「限られた仕事の範囲」「限られた興味の範囲」を「制限空間」に見立てた比喩表現である．② *wian* は「輪廻転生する」「めまいがする」「各家が持ち回りで務める」などの時間的，心理的，社会的表現に使われる．これらは「この世とあの世を巡る人生のサイクル」「ぐるぐる回っているように見える自分の頭を中心とする空間」「各家庭を結ぶきずな」を「限定経路」に見立てた比喩表現である．③ *mǔn* は「混乱する（頭が回る）」「融資する（金が循環する）」などの心理的，社会的表現に使われる．これらは「混乱（有機的組織体である頭の回転）」「融資（有機的組織体である金融ネットワーク内のお金の回転）」を「有機的組織体の総体的回転」に見立てた比喩表現である．同時に，心理的活動（混乱），社会的活動（融資）をその活動の具体的で顕著な構成要素（混乱している人の頭，融資に使われるお金）に言及することによって表現する換喩表現

でもある.

　これら4点は，今回の TNC コーパスを使った用例調査によっても誤りはないことが裏付けられた.[2] 先行研究では語彙相に言及していないので，以下，補足する．自転事象を表す様態動詞 *mǔn* の語彙相は活動相であり，巡回事象を表す経路動詞 *wian* の語彙相は達成相である．Takahashi (to appear, §3.1) が指摘するように，*mǔn* のように本来的に明確な区切り（起点や着点）がない事象を表す活動相動詞は完了相標識 *lέεw* が添えられたとき「〜し始めた」という起動 (inceptive) の解釈と「〜し終えた」という完遂 (completive) の解釈の両方が可能である（*mǔn lέεw*「自転が始まった」「すでに自転を終えた」）．一方，*wian* のように明確な着点がある事象を表す達成相動詞は「〜し終えた」という完遂の解釈だけが可能である（*wian lέεw*「すでに巡回を終えた」）．では，気体や液体が渦を巻いてまわる事象（典型的には様態動詞が表す事象）も，個体が円を描いてまわる事象（典型的には経路動詞が表す事象）も，どちらも表し得る *won* の基本的な語彙相は活動相だろうか達成相だろうか．*won lέεw* は「環状移動が始まった」と「すでに環状移動を終えた」のどちらの解釈が優勢なのか．これらの疑問に答えるため，次節以降，経験的データ（ビデオ実験から得られた発話データと大規模コーパスから収集した用例データ）を利用し，実際の言語使用を詳しく分析する．

3.　ビデオ実験の発話データ

　ビデオ実験 C の全44種類のビデオ映像（人間や犬や猫やボールが様々な経路をたどって移動する場面）の中には2種類の環状移動の場面——(a) 男性が木の周りを数回ぐるぐる歩いて移動する場面と (b) 同じ人物が同じ経路を走って移動する場面—が含まれている．それらの場面を描写した被験者の発話の主要例を以下に列挙する．それぞれの例文が代表する構文パタン（動詞句および前置詞句の配列パタン）の使用頻度（その構文パタンを使った被験者の数）を全体訳の後ろに鍵括弧で示す．たとえば，(1a) の [16] は「全被験者43人中，16人の発話で (1a) の構文パタンが使われた」ことを意味する．

---

[2] TNC コーパスに含まれていたトークン数は *won* が 1337，*wian* が 1538，*mǔn* が 2007 であった．まず *won*, *wian*, *mǔn* の使用例を 100 トークンずつ無作為に抽出し，それら3語の大まかな使用傾向を確認した後，それぞれの語の左隣と右隣に生起している語を調べ，特にトークン数が多い語との共起例に注目し分析を行った．

(1)　a.　*(phûu chaaj) dəən rɔ̂ɔp   tôn máj*
         （男）　　　　歩く　〜の周り　木
         （(男が）木の周りに沿って歩く）[16]

    b.　*(phûu chaaj) wîŋ rɔ̂ɔp   tôn máj*
         （男）　　　　走る　〜の周り　木
         （(男が）木の周りに沿って走る）[25]

(2)　a.　*(phûu chaaj) dəən won rɔ̂ɔp   tôn máj*
         （男）　　　　歩く　回る　〜の周り　木
         （(男が）木の周りに沿って歩いて回る）[15]

    b.　*(phûu chaaj) wîŋ won rɔ̂ɔp   tôn máj*
         （男）　　　　走る　回る　〜の周り　木
         （(男が）木の周りに沿って走って回る）[14]

(3)　a.　*(phûu chaaj) dəən won (tôn máj)*
         （男）　　　　歩く　回る（木）
         （(男が）歩いて（木を）回る）[6]

    b.　*(phûu chaaj) wîŋ won (tôn máj)*
         （男）　　　　走る　回る（木）
         （(男が）走って（木を）回る）[4]

(4)　a.　*(phûu chaaj) dəən won paj rɔ̂ɔp   tôn máj*
         （男）　　　　歩く　回る　行く　〜の周り　木
         （(男が）木の周りに沿って歩いて回っていく）[1]

    b.　*(phûu chaaj) wîŋ won paj rɔ̂ɔp   tôn máj*
         （男）　　　　走る　回る　行く　〜の周り　木
         （(男が）木の周りに沿って走って回っていく）[1]

　これらの例文から次の3つのことが分かる．第1に，様態動詞（*dəən* 歩く，*wîŋ* 走る）を使わず *won* だけを使った被験者はいなかった．第2に，最も使用頻度が高かった構文パタン（1）には *won* が含まれていない．第3に，経路参照物を表す名詞句（*tôn máj* 木）は，動詞 *won* に後続して動詞句の構成素になっている場合（構文パタン（3）の「*won tôn máj* 木を回る」）より，前置詞に後続して前置詞句の構成素になっている場合（構文パタン（1）（2）（4）の「*rɔ̂ɔp tôn máj* 木の周り（に沿って）」）のほうが多い．

　ビデオ実験の発話データは次のようなことを示唆する．*won* は，人間が木の周りをぐるぐると回るといった環状移動の描写には単独で使われることがな

く，様態動詞と組み合わせられた形で使われる．個体が何かの周りをぐるぐる
回るという環状移動の経路は「名詞起源の前置詞 *rɔ̂ɔp* ＋経路参照物を表す名
詞句：～の周り（に沿って）」という前置詞句によって副詞的に表されること
のほうが多い．

　高橋（2018）の発表が終わった頃，次のような疑問が芽生えた．「構文パタ
ン（2）（3）（4）に含まれている *won* は果たして経路動詞なのだろうか」．（3）
に見られるように *won* は経路参照物を表す名詞句（*tôn máj* 木）を従えること
ができる．[3] そのため *won* が経路動詞であることは明白だと考える人が多いか
もしれない．一般に，経路参照物を表す名詞句を従えることができるのは経路
動詞であって，様態動詞ではないからである．しかし実際のところ，タイ語の
様態動詞は「様態動詞＋経路参照物を表す名詞句」という形をとり得る．典型
的な様態動詞「*dəən* 歩く」を例にとれば，「歩く＋［～の上＋道路］」（*dəən
bon thanŏn* 道路の上を歩く）も，「歩く＋道路」（*dəən thanŏn* 道路を歩く）も，
どちらの形もよく使われている．*won* も「*won tôn máj* 木を回る」の形をとる
からと言って，経路動詞であるとは限らない．「（2）（3）（4）に含まれている
won はぐるぐる回るという移動の様態を前景化する様態動詞ではなかろうか」．
遅きに失したこの疑念が本稿執筆の出発点である．

4．大規模コーパスの用例データ

　それでは，*won* が「*dəən* 歩く」や「*wîŋ* 走る」などの様態動詞と組み合わせ
られることなく使われるときには，*won* はどのような移動事象を表すのだろ
う．そのとき話者は何に注目しているのだろう．TNC コーパスから様態動詞
を伴わない *won* の用例（単独動詞としての使用例，および他の経路動詞や回
す手段，回した結果，回す目的などを表す動詞を伴う使用例）を多数拾って分
析したところ，以下のことが分かった．

　第 1 に，*won* が表す事象は，具象的な個体，液体，気体の物理的空間移動
や虚構的空間移動（例（5）-（12），（18）-（21））であることもあれば，抽象的な
物事の時間的，心理的，社会的移動（例（13）-（17））であることもある．

　第 2 に，動物や乗り物などの個体が環状経路をたどって回る事象（例（5）-
（7））を描写するときは，「特定地点に舞い戻る」という経路の特徴を前景化す

---

[3] 従えなくてもよい．前置詞 *rɔ̂ɔp* は必ず名詞句（*tôn máj* 木）を従えるが，*won* は動詞な
ので名詞句（*tôn máj* 木）を従えても従えなくてもよい．

る文脈で使われることが多い．つまり *won* を移動の経路を表す達成相動詞として使うことが多い．

(5)　ทำมา ๕ ปีแล้ว เห็นแต่คนไข้คนเดิมๆ **วน**กลับมารักษาใหม่[4]
　　　((医療活動を) 5 年間続けているが，再び<u>回って</u>帰ってきて診療を受ける元患者ばかりだ)

(6)　บางครั้งปลาตัวเดิมอาจ **วน**เข้ามารับการพยาบาลซ้ำ
　　　(ときには以前の魚が再び<u>回って</u>戻ってきて (エビによる魚の身体の清掃という) 衛生看護の手当を受けることもあるかもしれない)

(7)　แล้วไมค์ก็เริ่ม **วน**จากหัวแถวฝากซ้ายมาจบลงที่เป้
　　　(それからマイク (固有名) は (U 字型ソファーの) 左側の列の端から<u>回り</u>始め，ペー (固有名) のところまできた)

ただし，個体が環状経路やらせん状経路を回る事象を描写するときに，「特定地点に舞い戻る」といった経路の特徴ではなく，「連続的に回り続ける」という様態の特徴のほうが前景化されることもある．つまり *won* を移動の様態を表す活動相動詞として使うこともある．(8) (9) がその例である．

(8)　รถของคณะเรา<u>**วน**</u>ไปมาอยู่หลายรอบ ทำให้ได้เห็นตัวเมืองได้มากพอสมควร
　　　(我々一行の車は何回も (街中を) <u>回り</u>，かなり街中を見ることができた)

(9)　มีบังได**วน**ขึ้นไป
　　　((らせん状にくるくる) <u>回って</u>上る階段がある)

(9) は，実際にはその場にいない階段を上る人が想定された虚構移動表現 (高橋 (1998) の「潜在的虚構移動」タイプ，Talmy (1996) の "Coverage Path" タイプ，Talmy (2000) の "Coextension Path" タイプ) である．[5] 経路上を移動する移動物を想定することによって経路の特徴を表現する (9) のよ

---

[4] 前節 (第 3 節) のタイ語用例においては，各形態素の意味および形態素同士の統語関係や意味関係を示す必要があった．そのため音声字母で表記して形態素の区切りを明確にし，それぞれの形態素にグロスを添えた．しかし本節 (第 4 節) のタイ語用例においては，用例の内容 (全体訳) が理解できればそれで十分であり，形態素の意味や形態素同士の統語関係／意味関係の明確化は必須ではないため，そのままタイ文字で表記し，グロスも添えなかった．

[5] あるいは (19) (21) と同じタイプの虚構移動表現かもしれない．階段自体がくるくるとらせん状に伸び，その結果が残っていると想定することによって階段の形の特徴を表現しているのかもしれない．

うな虚構移動表現では，*won* は移動の様態を表す活動相動詞として使われる．

　第3に，円形物や回すことが可能な身体部位などの個体が回転軸を中心に回る事象（例（10）（11））や，ある域内における液体や気体あるいはその液体や気体の中に混じっている個体が渦を成して回る事象（例（12））を描写するときは，環状あるいはらせん状に「連続的に回り続ける」という様態の特徴を前景化する文脈で使われることが多い．つまり *won* を移動の様態を表す活動相動詞として使うことが多い．

(10)　ในร้านพลังบุญ ขณะรณรงค์มีการเปิดซีดี<u>วน</u>ไปมาให้ลูกค้าซึมซับแนวคิดจาก
　　　ประเทศที่งดใช้ถุงพลาสติก
　　　（パランブン（固有名）店内では，キャンペーン期間中，プラスチック袋の使用を中止した国々の考え方を顧客に浸透させるために，CDをかけて（CD が）回る）

(11)　แล้วก็ทำมือ<u>วน</u>ๆ คล้ายๆ กับจะบอกว่า ไม่เห็นรึ
　　　（それから手をくるくる回るように動かす，まるで「（これが）見えないのか」とでも言うように）

(12)　เหมือนกลีบดอกไม้ขนาดเล็กที่ถูกลมพัดปลิวว่อนขึ้น<u>วน</u>ตามลมหมุน
　　　（風に吹かれて舞い上がり，つむじ風にのって回る，そんな小さな花弁のようだ）

　第4に，思考や感情の堂々巡りといった精神的な繰り返し現象，政治的な閉塞感や時代の潮流の回帰といった社会的，時間的な繰り返し現象などを描写する比喩的な *won* の使用例では，そうした抽象的な回転事象を液体や気体の渦巻き移動に見立てている（例（13）（14））．つまり *won* を移動の様態を表す活動相動詞として使っている．

(13)　แต่ก็ไม่เสร็จสักที รู้สึก<u>วน</u>ไป<u>วน</u>มา หาจุดตั้งต้นไม่ได้ หาทางออกไม่มี
　　　（しかしちっとも方が付かない，あっちに回りこっちに回りを繰り返している（堂々巡りをしている）ように感じる，始まりも出口も見出せない）

(14)　การเมืองไทยยัง<u>วน</u>อยู่ที่เดิม
　　　（タイの政治はまだ元の位置で回り続けている（現状から抜け出せず旧態依然としている））

抽象的な回転事象は複合語 (*won wian, wian won, wók won, mǔn won*) で表される傾向が強い (例 (15)-(17)).

(15) เสียงเพลงจากละครที่นักแสดงซ้อมแล้วซ้อมเล่า<u>เวียนวน</u>อยู่ในสมอง [*wian won*]
(俳優が繰り返し稽古をする芝居の歌声が頭の中で<u>回り</u>続けている(頭に残って離れない))

(16) พัฒนาการต่อมาของรัฐธรรมนูญสหรัฐฯ ในส่วนที่เกี่ยวกับฐานะและสิทธิเสรีภาพของคนนิโกรก้าวไปอย่างเชื่อช้าและว<u>กวน</u> [*wók won*]
(これまでのアメリカ憲法の進展は,黒人の地位と自由権利に関する部分においては,遅くあちらこちらに<u>回っている</u>(紆余曲折して進んでいない))

(17) เป็นเหตุให้ต้องกลับมาเวียนว่ายตายเกิดอยู่ในสังสารวัฏ<u>หมุนวน</u>อยู่อย่างนี้ [*mǔn won*]
((煩悩,欲,執着が)このように(あの世とこの世を)<u>回っている</u>輪廻転生の中で死んでは生まれ死んでは生まれを繰り返さざるを得ない原因だ)

第5に,won を構成素として含む複合動詞が,抽象的な回転事象ではなく,具象的な物理的回転事象あるいは虚構の回転事象を表す場合もある.その場合,それらの複合語は「連続的に回り続ける」という様態の特徴を前景化する文脈で使われることもあれば (例 (18) (19)),「特定地点に舞い戻る」という経路の特徴を前景化する文脈で使われることもある (例 (20) (21)).つまり won を移動の様態を表す活動相動詞として使うこともあれば,移動の経路を表す達成相動詞として使うこともある.

(18) มีดาวระยิบระยับ <u>หมุนวน</u>ไปมา [*mǔn won*]
(きらきらと光って<u>回っている</u>星がある)

(19) แคบลงกว่าเดิม แล้วว<u>กวน</u>ไปมาเหมือนถนนบนเขาพับผ้า [*wók won*]
((道が)これまでより狭くなり,つづら折れの山道のようにあちらこちらに<u>回っている</u>(曲がりくねって蛇行する))

(20) คนไข้หน้าเก่าก็<u>วนเวียน</u>กลับมารักษารอบแล้วรอบเล่า [*won wian*]
(馴染みの患者が何度も何度も<u>回って</u>戻ってきて受診する)

(21) วงกลมก็คือการ<u>หมุนวน</u>มาเจอกันที่จุดเดิม [*mǔn won*]
(円とはすなわち,<u>回って</u>元の点に返ることだ)

(19) (21) は,実際には動かない物体の動きが想定された虚構移動表現 (高橋 (1998) の「虚構移動結果」タイプ,Talmy (1996, 2000) の "Advent Path"

タイプ）である．（19）では道の曲がりくねる動き（活動相の動き）が想定され，（21）では円周の線の先端が伸びて円を描き元の位置に戻る動き（達成相の動き）が想定されている．ある物体が過去に動いたこと，そしてその動いた結果が残っていることを想定してその物体の形の特徴を表現する（19）（21）のような虚構移動表現では，won は移動の様態を表す活動相動詞として使われることもあれば，移動の経路を表す達成相動詞として使われることもある．

　以上の分析結果を要約すると，次のようにまとめられる．移動動詞 won は様態動詞（活動相動詞）としても経路動詞（達成相動詞）としても使われる．様態動詞としての典型的な使い方は液体や気体がぐるぐると渦巻く移動表現の中に見られる．経路動詞としての典型的な使い方は個体が特定地点に舞い戻ってくる移動表現の中に見られる．

　完了相標識を伴った won（tôn máj）léεw のアスペクト解釈については，次のように説明できる．もしくるくる回る移動の様態を前景化する表現なのであれば，「（木を）回り始めた（起動）」と「すでに（木を）回り終えた（完遂）」の両方の解釈が可能である．もし 1 回くるりと回って元に戻る移動の経路を前景化する表現なのであれば，「すでに（木を）回り終えた（完遂）」の解釈だけが可能である．

　ビデオ実験 C に含まれる「男性が木の周りをぐるぐる回る」という映像の環状移動の経路は，won が表す個体の環状移動の経路の典型的特徴（特定地点に舞い戻る）には合致しない．したがって，ビデオ実験の発話データに含まれていた won は，経路動詞としてではなく，ぐるぐる回るという移動の様態を表す様態動詞として使われた，と見るべきであろう．ビデオ映像の男性の移動の様態に 2 つの側面（歩く／走ると同時にぐるぐる回る）を見出し，2 つの様態動詞を使ってそれらを丁寧に描写した被験者がいたのである．歩く場面では，1 つの様態動詞（dəən 歩く）しか使わなかった人（16 人）より 2 つの様態動詞（dəən 歩く，won 回る）を使った人（22 人）のほうが多かった．走る場面では，半数以上の人（25 人）が 1 つの様態動詞（wîŋ 走る）しか使わなかったが，2 つの様態動詞（wîŋ 走る，won 回る）を使った人（20 人）も少なくはなかった．

　もし鳥瞰図のように上から眺める視点にビデオカメラを据え，ある人がある特定の地点から再びその地点に舞い戻ってくる環状移動を映像化し，それをタイ語話者に見せて描写させたなら，その経路を won によって表現する人が出てくるかもしれない．

5. 様態動詞と経路動詞の区別

won のように様態動詞（活動相動詞）としても経路動詞（達成相動詞）としても機能する動詞があるという考えは，タイ語の様態動詞と経路動詞は語彙相によって区別できる—様態動詞は活動相動詞であり，経路動詞は非活動相動詞（達成相動詞，到達相動詞）である[6]—という考えと矛盾しないのか，と問われれば，私は次のように明快に答える．両者の考えは矛盾しない，両者の考えは両立する．

タイ語の形態素（語）はその多くが複数の意味機能を有している．つまり多義語や多機能語である．複数の実質的意味を持っていたり，複数の機能的意味を持っていたり，実質的意味と機能的意味の両方を持っていたりする．たとえば，実質的意味と機能的意味の両方を持つ形態素があるからと言って，それを根拠にタイ語には実質語と機能語の区別がないと考えることはできない．そのような考え方に合理性はない．当然のことながらタイ語でも他言語と同様，実質語と機能語は区別できる．ただタイ語には両方の機能を持つハイブリッド形態素があるというだけの話である．

won の多義性については，次のように説明できる．タイ語の移動動詞には（活動相動詞の）様態動詞と（達成相動詞／到達相動詞の）経路動詞の区別があり，多くはそのどちらかに属する．しかし中にはそのどちらにも属し，様態動詞としても経路動詞としても機能し得る動詞がある．*won* はそのようなハイブリッド動詞である．

6. おわりに

本稿では，環状移動を表す動詞 *won* の使用例を多数収集し，その経験的データをもとに，*won* は様態動詞（活動相動詞）としても経路動詞（達成相動詞）としても機能することを明らかにした．松本先生から指摘を受ける前の見方（*won* を「1 回だけ回る事象の経路を表す達成相動詞」に分類すること）と指摘を受けてからの見方（*won* を「連続して回る事象の様態を表す活動相動詞」

[6] 逆から言えば，タイ語には（固有の語彙相を持たず統語環境や談話文脈などによって異なる語彙相の解釈を許す直示動詞 *paj* ‘go’，*maa* ‘come’ を除き）「境界を越えない経路，起点や着点などの区切りがない経路」を表す移動動詞（活動相の経路動詞）や「始まりや終わりのある様態」を表す移動動詞（達成相や到達相の様態動詞）は存在しない（cf. 高橋（2017），Takahashi (to appear)）．

に分類すること）は，そのどちらかが正しくどちらかが誤っているというわけではなく，そのどちらにも妥当性がある，ということが分かった．松本先生からいただいた指摘によって見方が偏っていたことに気付くことができた．

　won の使い方は，移動物はどのような属性や性質を持っているのか，経路にはどのような特徴があるのかといった意味論的要素や，話者はどのような事象参与者に注目しているのか，どのような発話意図を持っているのかといった語用論的要素によって，異なる．移動の様態を前景化する動詞（活動相動詞）として使われることもあれば，移動の経路を前景化する動詞（達成相動詞）として使われることもある，そのような *won* に似た動詞は他にもあるかもしれない．たとえば，何かに従って動くことを表す動詞（*taam* 'follow', *lɔ́ʔ* 'move along, skirt', *lîap* 'move along, skirt, hug'）にも，「何かを追い続ける」という移動の様態に焦点を当てたり，「何かに沿ってある地点からある地点に移る」という移動の経路に焦点を当てたり，意味の焦点が異なる複数の使い方があるかもしれない．実際の使用例を多数収集して調査する価値がある．今後の課題としたい．

参考文献

Bradley, Dan Beach (1873) *Dictionary of the Siamese Language*, Bangkok. [Reprinted by American Missionary Association Press in 1971.]

Takahashi, Kiyoko (1998) "How to Turn Round: Thai Verbs of Motion in a Circle," Presentation at International Seminar on Current Issues in (Cognitive) Lexical Semantics, Thammasat University, Bangkok, September 10–11, 1998.

高橋清子 (1998)「タイ語の虚構移動結果表現（出現経路）と潜在的虚構移動表現（範囲占有経路）の機能と意味的制約」『日本言語学会第116回大会（慶應義塾大学，東京，1998年6月20-21日）予稿集』，136-141.

高橋清子 (2000)「回転移動を表す移動動詞について」『国際交流基金バンコック日本語センター』第3号，33-38.

高橋清子 (2017)「タイ語の移動表現」『移動表現の類型論』，松本曜（編），129-158，くろしお出版，東京.

高橋清子 (2018)「タイ語移動表現の経路表示」ワークショップ "移動経路の種類とそのコード化――通言語的ビデオ実験と移動表現の類型論再考"（召集者：松本曜，日本言語学会第157回大会，京都大学，京都，2018年11月17-18日）での口頭発表.

Takahashi, Kiyoko (to appear) "Syntactic and Semantic Structures of Thai Motion Expressions," *Broader Perspectives on Motion Event Descriptions*, ed. by Yo Matsumoto and Kazuhiro Kawachi, John Benjamins, Amsterdam.

Talmy, Leonard (1996) "Fictive Motion in Language and 'Ception,'" *Language and Space*, ed. by Paul Bloom, Mary A. Peterson, Lynn Nadel and Merrill Garret, 211-276, MIT Press, Cambridge, MA.

Talmy, Leonard (2000) "Fictive Motion in Language and 'Ception,'" *Toward a Cognitive Semantics, Volume I: Concept Structuring Systems*, 99-175, MIT Press, Cambridge, MA.

Vendler, Zeno (1967) *Linguistics in Philosophy*, Cornell University Press, Ithaca, NY.

PART

Ⅱ

フレーム意味論・構文文法

言語研究における統計的モデリング＊

森下　裕三

環太平洋大学

1.　はじめに

　個人所有の計算機でも複雑な統計的分析が可能になり，認知言語学の分野でもコーパスを利用した研究が数多く見られるようになってきた（Glynn and Fischer (2010)）．ただし，統計的な分析が言語学に取り入れられる一方で，コーパス言語学や認知言語学の分野では，今もなお統計的な有意差に注目した分析や多変量解析を利用した探索的な研究が中心である．本稿では，さらに一歩進んで，統計的なモデリングが認知言語学の研究でも有効であることを示す．

　具体的に本研究で議論の対象となるのは 2 種類の構文間の関係性である．詳細は 2 節で議論することになるが，構文文法という理論において，各構文は独立して存在するのではなく互いにネットワークを形成すると考えられている（Lakoff (1987), Goldberg (1995), cf. Hilpert (2014)）．たとえば，(1a)に用例が示されている自動詞移動構文（the Intransitive Motion Construction: IMC）は，(1b)に用例が示されている使役移動構文（the Caused-Motion Construction: CMC）と，部分関係リンク（subpart link）と呼ばれるリンクによって継承関係にある真部分（proper subpart）とされている（Goldberg (1995: 78)）．

(1)　a.　The ball rolled into the gutter.
　　b.　John rolled the ball into the gutter.　　　　（尾谷 (2011: 87–88)）

　＊ 本稿は，統計数理研究所言語系共同研究グループの研究報告書（森下 (2019)）の内容にコーパスデータを追加し，統計的分析および理論的な考察について大幅に加筆・修正したものである．

しかし，IMC と CMC の関係性は一部の認知言語学者によって疑問視されており，本当に Goldberg が主張するような関係が見られるのかどうかは定かではない（尾谷（2011: 68-88））．

　本研究では，British National Corpus（BNC）から抽出した具体的な用例を基に，統計的・実証的な分析によって，構文文法における継承関係の実在性について議論する．

　本稿の構成は次の通りである．まず，2 節では Goldberg（1995: 78）および彼女の研究に対して異議を唱えている尾谷（2011: 68-88）の研究を精査する．そして，3 節では本研究で扱うデータの収集方法，および統計的検定の結果を示す．さらに，4 節では，統計的モデリングについて概観し，本研究で扱う現象へ適用した結果を示す．5 節では，分析結果からどのように理論的な示唆が与えられるのかを議論する．最後に，6 節では，本研究の意義と，本研究において十分に扱うことのできなかった点について述べる．

2.　構文文法における構文間の関係

　構文文法（Construction Grammar）は，1980 年代から Lakoff（1987）や Fillmore et al.（1988）らが中心になって発展させてきた理論である．現在も多くの研究者が構文文法という理論的枠組みから論文を書いており，さまざまな言語現象について広く分析がおこなわれている．しかし，構文文法は多くの研究者によって発展させられてきた理論であるがゆえに，理論的に一枚岩ではない．

　ただし，構文文法が一枚岩の理論ではないとしても，まったく共通点がないというわけではない．本研究との関連でいえば，語と構文を区別しないため，語と同じ分析手法を構文にも当てはめることができるという点を挙げることができる．認知言語学では，語の分析のために，それぞれの語と語がネットワークを形成すると考える．語と構文を区別しないという立場を取ることによって，構文同士もまたネットワークを形成すると考えることができるようになった（Lakoff（1987: 462-585），Goldberg（1995: Chapter 3），cf. Hilpert（2014: Chapter 3））．

2.1.　構文ネットワーク

　構文文法という理論において，構文は抽象度の高いものから，非常に具体的なものまで，さまざまなものがあると考えられている（e.g. Croft（2001））．

そして，これらの抽象度の異なるさまざまな構文は，独立して存在するのではなく，それぞれが繋がり合い構造化されている．この構文同士を構造化させる関係において最も重要なのが継承（inheritance）と呼ばれる概念であり，各構文を繋ぎ合わせているものを継承リンク（inheritance link）と呼ぶ．

　継承リンクにはさまざまなものがあると考えられている（Goldberg（1995: Chapter 3），Hilpert（2014: Chapter 3））．本研究では，いくつかある継承リンクのうち，部分関係リンク（subpart link）のみを分析の対象とする．ある構文と別の構文が形式と意味の点で類似しており，さらに一方が他方の具体例ではないような関係にある時，これらの構文は真部分にあると考えられる．たとえば，1節で述べたように，IMC は CMC の真部分であり，これらの構文は部分関係リンクによって繋がっているとされる．両構文の関係をあらわしたものが以下の図1である．この図からも分かるように，IMC は，CMC から一部を取り出したような構文という関係になっており，ちょうど cause の項以外の項を取り出したような形になっている．構文文法では，このような関係にある時，一方の構文が他方の構文の真部分であると言われている．本当に IMC が CMC の真部分だと考えて良いのかどうか，という点について以下で議論する．

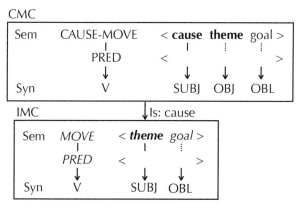

図1．IMC と CMC の関係（Goldberg（1995: 78））

2.2.　部分関係リンクに対する疑義

　尾谷（2011: 68-88）は，認知言語学における構文の重要性を認めながらも，一部の継承関係については否定的な意見を述べている．以下では，山梨（2000）

の主張に従って具体的な議論を展開している尾谷による批判の再検討を通して，改めて Goldberg (1995: 78) による主張と問題点を明確にしていく．

　尾谷 (2011: 87-88) は，Goldberg による主張に対して，両構文の意味構造と文法関係の対応，および生起する動詞に注目し批判的な議論を展開している．[1]

　まず，意味構造と文法関係の対応について議論する．尾谷は，IMC では theme の項は主語として具現化しているが，CMC では theme の項が目的語として具現化している点に注目している．尾谷による批判は後の議論とも関係するため，ここで項の具現化する位置に関して改めて論点を整理しておきたい．上述の通り，IMC と CMC は意味的な含意を対象とした継承関係に過ぎない．図 1 からも分かるように，意味にかかわる CMC の項のうち theme と goal は適切に IMC へと継承されている．CMC から継承されたこれらの各項が，実際に IMC においてどのような文法関係として具現化するかどうかは部分関係リンクによって指定されるものではない．さらに，ここで議論の対象となっている theme の項がどの文法関係と対応するのかという問題は，他の項との関係次第であると考えられている (Goldberg (1995: 112-115))．たとえば，(2a) にある IMC の例では theme の項は主語として具現化しているが，同じ theme の項であっても (2b) にあるような別の構文では目的語として具現化することがある．

　(2) a. The boy ran home.
　　　b. Pat moved the bat.　　　　　　　　　(Goldberg (1995: 115))

他にも，theme の項は，(3a) の例では斜格語として，(3b) の例では直接目的語としてそれぞれ具現化している．

　(3) a. Pat loaded the truck with hay.
　　　b. Pat threw Chris the ball.　　　　　　　(Goldberg (1995: 115))

つまり，どの項がどの文法関係として具現化するかは構文によって異なるのであって，継承関係によって決まるものではない．構文文法において具現化する文法関係の違いは大きな問題にはならないのである．

　次に，両構文に生起する動詞についての議論に移りたい．尾谷は，真部分で

---

[1] ここでは，本稿での議論にとって重要だと考えられる部分に議論を絞っているため，尾谷 (2011) による批判のすべてを紹介しているわけではない．

あるはずの IMC に生起する動詞が，意味的に対応する CMC とは異なる（4）
のような例を問題視している．

(4) a.　The fly buzzed into the room.
    b.　John let the fly into the room.

　たしかに，IMC の例である（4a）では *buzz* という動詞が生起しているが，
意味的に対応する CMC の例である（4b）では *let* という動詞が生起している．
しかし，既に1節でも図示したように，IMC の主語として具現化する項は
theme として定義されている．そして，IMC において主語に theme の項が
具現化するのは，非対格自動詞が生起する時だけである（谷口（2005: 4 章））．
つまり，（4a）の例はそもそも IMC の例ではないため，（4a）の例は（4b）の
例の真部分ではなく，理論的に問題にはならないと考えられる．
　このように，尾谷（2011）による批判を再検討しながら IMC と CMC の関
係を再考することで，本研究の課題をより明確にすることができた．つまり，
非対格自動詞と同形の他動詞が生起する IMC と CMC の間に継承関係が見ら
れるのであれば，Goldberg による主張の正しさを実証することができる．た
とえば，以下に示した（5a）の例と（5b）の例の間に意味的な部分関係が認め
られるかどうかが本研究の論点となる．

(5) a.　The ball rolled into the gutter.   [= (1a)]
    b.　John rolled the ball into the gutter.   [= (1b)]

Goldberg が主張するようなレベルでの意味的部分関係は，たしかに（5a）の
ような例と（5b）のような例には認められるのかもしれない．実際に（5a）の
例には非対格自動詞の *roll* が生起し，（5b）の例には同形の他動詞が生起して
いる．また，theme の項と goal の項もそれぞれ主語および斜格語として具
現化している．
　このように尾谷（2011）による批判を精査する限り，質的な分析としては
Goldberg の主張を却下するのに十分な根拠はないように思われる．
　ただし，まだ両構文の間に見られる意味的な部分関係について疑問の余地は
残されている．一方の構文が他方の構文の真部分であるような関係が見られる
のであれば，その関係を量的に実証することができるはずである．これまでの
議論はすべて質的なものであり，実証的な議論とは言えないものであった．

2.3. 部分関係リンクの実証性を検証するために

では，どのようなデータによって部分関係リンクの実在性は検証可能となるのか．言い換えると，IMC が CMC の真部分であることをどうすれば確認できるのだろうか．既に述べたように，主語として具現化する項が theme であるような非対格自動詞，そして目的語として具現化する項が theme であるような同形の他動詞を選ぶ必要がある．この条件に当てはまり，IMC と CMC に生起する動詞として Levin (1993: 51.3.1) が以下の語を挙げている．

(6) *bounce, drift, drop, float, glide, move, roll, slide, swing*

しかし，これらの語の中には高頻度な語だけでなく，低頻度な語もあり定量的な比較は難しい．また，それぞれの語で分布が大きく異なるため，統計的な分析が複雑になりすぎる可能性があり，事実をうまく定量的にあらわすことが難しくなってしまう．

認知言語学の枠組みで主張されてきた理論の実証にとって，統計的なモデリングが有効であることを示すことが本稿の目的である．この目的のために，本研究では，上記の課題を避けるため *roll* という語のみについて統計的・実証的な分析を進めていくことにする．

Goldberg (1995: 78) が主張した IMC と CMC の継承関係が統計的・実証的に認められるのであれば，動詞として *roll* が生起する theme の項と path の項の分布は，IMC においても CMC においても似た分布になることが予測される．[2]

3. 定量的分析

これまでに議論してきた IMC と CMC の継承関係について統計的・実証的な分析を進めるために，本研究では BNC から抽出した用例を利用する．本節では，得られたデータを基に統計的な検定をおこない，IMC と CMC の継承関係についての全体像を示すにとどめ，統計的なモデリングについては次節でより詳しい議論をしていく．

BNC に生起するすべての *roll* のうち XML ファイルのデータから正規表現

---

[2] Goldberg (1995) は，移動構文において斜格語として具現化する移動の経路をあらわす項を goal としているが，本研究では移動の経路をより詳細に分析する際の混乱を避けるために path としている．

を利用して以下の条件に該当するものすべてを対象とした.

 (7)　<w c5＝"(V..|V..-V..)" hw＝"roll" pos＝"VERB">

ここでは BNC のアノテーションについて詳細な議論は避けるが,動詞の可能性がある *roll* が生起する全用例を抽出したということである.このような条件での検索によって 4,491 例の *roll* が生起する用例を抽出することができた.しかし,この 4,491 例のすべてが IMC や CMC の具体的な用例だというわけではない.また,否定文や条件節なども本研究では除外している.以下に,本研究で除外した用例の一部を参考のために挙げておく.

 (8) a. Her name rolled off his tongue as if it were […]. [BNC-HA5]
   c. No stone rolled down the cliff that morning […]. [BNC-CAJ]
   d. If we then roll a ball towards this dent, the ball will swerve as it goes by.   [BNC-CET]

　このような用例をひとつずつ目視によって除外して残った用例が 383 例あり,そのうち 320 例(83.6%)が IMC の用例で,残りの 63 例(16.4%)が CMC の用例であった.

　BNC から抽出した用例がどのような意味を持つのか考えていくために,まずはデータの全体像を概観したい.本研究では theme の項と path の項の分布が IMC と CMC で異なるのかどうかが議論の焦点となっている.これまでにもコーパスのデータに基づいて IMC や CMC について計量的な分析をした先行研究は既に存在する (e.g. Stefanowitsch and Rohde (2004)).しかし,彼らの研究では,CMC については議論されておらず,また,自動詞が生起する用例においても,主語として具現化する項も以下の例にあるように theme 以外のものがほとんどである.

 (9) a. She moved away from the window.
   b. He moved to Washington, D. C.

        (Stefanowitsch and Rohde (2004: 258))

　しかし,彼らの分析では,animate か inanimate かの違いが経路句の性質と大きく関係するという考察がなされている (Stefanowitsch and Rohde (2004: 259)).本研究では,彼らの研究結果を踏まえた上で,これ以降の定量的・統計的な分析のために,各用例の論理的主語を animate か inanimate

かによって区別した.[3] IMC および CMC における theme の項の分布を表 1
に示す.

表 1. IMC と CMC における論理的主語の分布

	animate	Inanimate	SUM
IMC	135 (42.2%)	185 (57.8%)	320 (100%)
CMC	8 (12.7%)	55 (87.3%)	63 (100%)

$$\chi^2 = 18.324,\ df = 1,\ p < .001$$

表 1 からも分かるように，IMC では animate が生起しやすい一方で，
CMC では inanimate が生起しやすいということが分かる.

続いて，path の項について確認していく. 本研究では，path の項を
source, via, goal そして direction という 4 種類に分類している.[4] そ
れぞれがどういうものかを具体例とともに以下で示す.

(10) a. A glass eye rolled out of its socket.　(source)　　[BNC-CH0]

    b. […] as three cans fell out and rolled across the concrete.

        (via)　　　[BNC-AR2]

    c. Pike and Watkin unceremoniously rolled old Tosspot

      into the shallow hole […]　　　(goal)　　　[BNC-K95]

    d. […] then she took out a crumpled handkerchief and huge tears

      were rolling down her fat cheeks.　(direction) [BNC-CJX]

これらの経路句が，IMC と CMC においてどのような分布になっているの
かを示したのが以下の表 2 である.

---

[3] ここで「論理的主語」と呼んでいるものは，これまで theme と呼んできたものと同じも
のを指すが，これ以降は theme を animate と inanimate に分類するため，混乱を避ける
ための措置である.

[4] 移動表現の研究において，経路概念をどのように分類するかについては，今のところ研究
者によって意見が分かれている. どのような分類を採用するかは非常に重要な問題だが，この
話題は本稿で扱う範囲を超えるため，詳細な議論は避けることにする.

表2.　IMC と CMC における path の項の分布

	source	via	goal	direction	SUM
IMC	89 (27.8%)	32 (10.0%)	63 (19.7%)	136 (42.5%)	320 (100%)
CMC	8 (12.7%)	9 (14.3%)	31 (49.2%)	15 (23.8%)	63 (100%)

$$\chi^2 = 17.842,\ df = 3,\ p < .01$$

表2に示された結果から，IMC では source と direction が生起しやすい一方で，CMC では goal が生起しやすいという違いが見える．

　ここまで，両構文における論理的主語と path の項の分布を見てきたが，それぞれの構文に特徴が見られ，両構文は似た分布になっているとは言えない．本研究では，非対格自動詞の *roll* が生起する IMC と，対応する他動詞の *roll* が生起する CMC を比較している．先行研究でも確認したように，本当に IMC が CMC の真部分であるなら，論理的主語と path の項はある程度まで似通った分布になると予想した．しかし，本節で見てきたように両構文における各項の分布はかなり異なったものであるということが示され，統計的に有意な差も見られた．

　では，ここで見られた統計的な有意差は何を意味しているのだろうか．ここでは，IMC と CMC に共通して生起する論理的主語と path という2種類の項の分布が同じであるという仮説を立て，実際に BNC から抽出したデータとの残差を計算した．その結果，その残差は想定された以上に大きかったため，両構文における論理的主語と path の分布は異なる，という結論を下すことになった．では反対に，項の分布の違いから，どのような条件でどちらの構文が選択されるのかを予測することはできないだろうか．次節では，構文選択の予測へと議論を進めていくことにする．

4.　統計的モデリング

　本節で紹介する統計的なモデリングは，IMC が CMC の真部分であるかどうかを，前節で見たように統計的な有意差の有無により確認するためのものではない．しかし，これまでに示してきたデータを利用して，統計的なモデリングがどのように構文文法における継承関係の研究にも適用できるのかを示すことも理論的発展の一助となるものと思われる．本稿では，統計的なモデリングの手法として，二項ロジスティック回帰分析 (binomial logistic regression)

という手法を紹介する．

　具体的な議論に入る前に，統計的モデリングとはどのようなものなのかを簡単に説明しておく．統計モデルとは，データを理解しやすい構造によってあらわしたものである．本研究のデータで言えば，どのような条件下で，ある移動事象がどれくらい IMC によってあらわされやすくなるのかを構造式をもちいてあらわしたものである．統計的な検定では，IMC と CMC における 2 種類の項の分布が異なるということまでしか分からない．しかし，統計的モデリングでは，IMC の項の分布が CMC の項の分布とどのように異なるのかを示すことができる．つまり，論理的主語としてどのような性質の語が生起し，path の項にどのような性質の語が生起していれば，どれくらい IMC が選択されやすくなるのかが予測可能になるのである．

　二項ロジスティック回帰分析とは，一般的な回帰分析とは異なり，応答変数が質的であるデータに対しても利用可能な分析手法で，言語学におけるコーパスデータにも適用可能である（e.g. Gries (2013: 293–316)）．たとえば，Levshina (2015: Chapter 12) は，2 種類の類義構文のうち，どのような条件でどちらの構文が選択されるのかを確率的にモデル化するために二項ロジスティック回帰分析を利用している．既に前節の議論から，定量的・統計的に IMC が CMC の真部分である可能性は棄却されている．そこで，たとえば，以下の (11) にある例文を見てみたい．

(11)　[…] Anabelle rolled some of the dogfood into a lumpy ball […].
[BNC-CFJ]

この文によって表現されている状況を IMC を使って以下のように書き換えるのは文法的には問題ない．

(12)　Some of the dogfood rolled into a lumpy ball.

同じ状況を描写する場合，(12) に示したような文が選択される可能性は十分にあると考えられる．それでも，話し手あるいは書き手は常に IMC か CMC のどちらによって状況を描写するか，という選択に迫られる．

　二項ロジスティック回帰分析では，応答変数と説明変数という 2 種類の変数を利用する．応答変数とは，本研究では IMC か CMC のどちらの構文が選択されるかをあらわす変数である．ここでは，どのような条件で IMC がどれくらい選択されやすくなるのかを考えるため，応答変数は CMC よりも IMC がどれくらい選択されやすいのかを示す値として求められる．一方，説明変数

とは，本研究では論理的主語と path という 2 種類の項を変数としてあらわ
したものである．本稿では，紙幅の都合で計算方法や関数の説明については省
略するが，統計的モデリングの考え方については他の書籍などを参照されたい
(Baayen (2008), 久保 (2012))．

　ここでは，i) 論理的主語が animate か inanimate のどちらなのか，ii)
移動の経路を表す前置詞句が source, via, goal, direction のどれであ
るかという 2 種類の説明変数によって，IMC が選択される確率である応答変
数を知るためのモデルを考える．

　これら 2 種類の説明変数をもとに R (version 3.4.4) の glm () 関数を利用
して一般化線形モデルを推定する．

(13) 　> m.glm <- glm (Construction ~ logical_subject + path,
　　　　 data = roll, family = "binomial")

次に，どのようなモデルが最適なのかを検証する．つまり，どちらの構文が選
択されやすいかを予測するモデルとして，論理的主語の項，または path の
項のどちらかだけを考慮する方が良いのか，それともどちらも考慮に入れる方
が良いのかを検証し，さらに結果を示す．

(14) 　> drop1 (m.glm, test = "Chisq")

```
Model:
Construction ~ logical_subject + path
                  Df Deviance AIC     LRT    Pr (>Chi)
<none>               290.33   300.33
Logical_subject   1  312.36   320.36  22.026 2.690e-06 ***
Path              3  320.05   324.05  29.712 1.587e-06 ***
---
Signif. Codes:
0 '***'   0.001 '**'   0.01 '*'   0.1 ' '
```

この結果は，このモデルでは，構文の選択にどちらの項も影響を与えていると
いうことを示している．つまり，論理的主語の項だけでなく path の項も含
めて作られたモデルによって，どちらの構文が選択されるかを予測する最適な
モデルを作ることができるということである．言い換えると，両方の項の意味
的違いによって，どちらの構文が選択されやすくなるかが変わるということで

ある．

　しかし，既に述べたように，二項ロジスティック回帰分析の強みは，これらの項が実際に構文の選択に強く影響することを示すだけではなく，各項がどのような性質の時に，どの程度の確率で IMC が選択されるのかが計算できる点にある．たとえば，論理的主語が animate で path の項が source であれば，97.0％の確率で IMC が選択される．一方で論理的主語が inanimate でpath の項が goal であれば，IMC が選択される確率は 56.2％まで低下する．従来の統計的な検定では，どのような条件でどちらの構文が選択されるかどうかを確率的に示すことはできなかった．このような確率を示すことが可能になったのは，コーパスから抽出したデータを基に，統計モデルを作り上げたからに他ならない．

5.　考察

　本節では，4 節で示したデータから理論的にどのような示唆を得ることができるのかについて議論していく．これまでに示してきたデータや分析結果からも分かるように，定量的な視点で見ると，やはり IMC は CMC の真部分であると考えるよりも，かなり性質の異なる構文だと考えるべきである．

　これまでは，ある移動事象のうち，任意の部分を切り取ることで事態認知を言語化していると考えられてきた．しかし，実際には，IMC によって言語化されやすい移動事象もあれば，CMC によって言語化されやすい移動事象もあるということである．

　では，IMC と CMC の間に継承関係は見られないと考えて良いのだろうか．これまでにも述べてきたように，Goldberg による主張は，本研究で示したものと比べてより質的な議論の中でおこなわれたものである．つまり，CMC によって言語化される用例は IMC によって言語化することも可能である，という主張である．そして，移動事象に関与する論理的主語や path の項の性質によって，どちらの構文が選択されやすいかが変化することを示した，というのが本研究の結果である．つまり，本研究で示した結果は，可能か不可能かという二値的な問題ではなく，確率的な問題である．確率的な議論によって，可能か不可能かという問題を完全に否定することはできない．実際に，以下に示すように，本研究のデータによれば CMC が選択される確率が低いと予測されるような例の存在は確認されている．

(15)　[...] she seized the gun, forced Modigliani out of the door and
　　　rolled him down the stairs.　　　　　　　　　　　　　[BNC-ANF]

　なお，2 節でも触れたように，本研究の結果から，Goldberg の主張が完全
に却下できるわけではないという点は改めて確認しておきたい．同じ手法によ
る議論ではないため，完全に先行研究を否定することはできないのである．

　ただし，本研究で示した結果が構文文法という理論にまったく貢献していな
いというわけではない．なぜなら，本研究の結果によって，構文の重要性を示
すことができたからである．つまり，本研究では，同じ動詞であっても生起す
る構文が異なれば，選好する項の性質も変わることを示すことができたという
ことになる．

6.　まとめ

　本研究では，構文文法という理論的枠組みのなかで十分に議論されてこな
かった継承関係について定量的・統計的な観点から議論してきた．先行研究に
おける議論が質的なものであったのに対して，本研究は，部分関係という継承
関係の実在性について，コーパスの生起頻度による定量的根拠に基づく実証的
研究である．質的な視点からの分析は，言語の性質を概観するにあたって非常
に有効であることは否定しない．しかし，より実証的な立場から言語の性質を
より詳細に分析する研究が増えていくなかで，本研究のような立場から，先行
研究における主張を再考する価値は十分にあると考えられる．

　ただし，本研究も十分な根拠を挙げることができたとは言えない．なぜな
ら，本研究では *roll* という動詞についてのデータしか示せていない．既に述
べたように，同じような性質を持つ動詞は他にも存在する．そうした動詞の
データも含めて，今後はさらに研究を深めていく必要がある．

　また，これまでの検定に基づく統計的分析だけでなく，統計的なモデリング
のような予測を可能とする分析を模索していく必要がある．統計的な検定は有
意差の有無のみに関心が集中してしまい，第一種の過誤や第二種の過誤と呼ば
れる過誤に陥る可能性や，有意水準が恣意的になりがちであるといった危うさ
が既に指摘されている（久保（2012））．認知言語学における実証的な研究をさ
らに進めていくためにも，より健全な分析手法の導入は不可避である．

参考文献

Baayen, Harald R. (2008) *Analyzing Linguistic Data: A Practical Introduction to Statistics Using R*, Cambridge University Press, Cambridge.

Croft, William (2001) *Radical Construction Grammar: Syntactic Theory in Typological Perspective*, Oxford University Press, Oxford.

Fillmore, Charles J., Paul Kay and Mary Catherine O'Connor (1988) "Regularity and Idiomaticity in Grammatical Constructions: The Case of *Let Alone*," *Language* 64, 501–538.

Glynn, Dylan and Kerstin Fischer (2010) *Quantitative Methods in Cognitive Semantics: Corpus-Driven Approaches*, De Gruyter Mouton, Berlin.

Goldberg, Adele E. (1995) *Constructions: A Construction Grammar Approach to Argument Structure*, University of Chicago Press, Chicago.

Gries, Stefan Th. (2013) *Statistics for Linguistics with R: A Practical Introduction*, De Gruyter Mouton, Berlin.

Hilpert, Martin (2014) *Construction Grammar and Its Application to English*, Edinburgh University Press, Edinburgh.

久保拓弥 (2012)『データ解析のための統計モデリング入門──一般化線形モデル・階層ベイズモデル・MCMC』岩波書店, 東京.

Lakoff, George (1987) *Women, Fire, and Dangerous Things: What Categories Reveal about the Mind*, University of Chicago Press, Chicago.

Levin, Beth (1993) *English Verb Classes and Alternations: A Preliminary Investigation*, University of Chicago Press, Chicago.

Levshina, Natalia (2015) *How to Do Linguistics with R: Data Exploration and Statistical Analysis*, John Benjamins, Amsterdam.

森下裕三 (2019)「英語の移動構文における統計的モデリング」『統計数理研究所共同研究リポート414──言語特性の量化によるテキストの探索的・検証的分析』, 71–82.

尾谷昌則 (2011)「認知言語学と構文文法」『構文ネットワークと文法』, 山梨正明 (編), 33–111, 研究社, 東京.

Stefanowitsch, Anatol and Ada Rohde (2004) "The Goal Bias in the Encoding of Motion Events," *Studies in Linguistic Motivation*, ed. by Günter Radden and Klaus-Uwe Panther, 249–268, Mouton de Gruyter, Berlin.

谷口一美 (2005)『事態概念の記号化に関する認知言語学的研究』ひつじ書房, 東京.

山梨正明 (2000)『認知言語学原理』くろしお出版, 東京.

Mimetic 'Go'-Verbs in Japanese*

Kimi Akita
Nagoya University

1. Introduction

The categorial status of mimetics has been a longstanding issue in the crosslinguistic literature. Mimetics, more widely known as ideophones, are generally defined as "marked words that depict sensory imagery" (Dingemanse (2012: 655)), including onomatopoeia (e.g. *woof-woof, wham*). Field linguistics in the past century found that more languages than had been believed abound with these words (Dingemanse (2012)). Japanese has thousands of conventional mimetic items, which are primarily adverbial but may also function as verbs, adjectives, and nouns. This paper investigates a previously overlooked set of mimetic verbs in Japanese that involve the verb *ik-* 'go' (e.g. *kibikibi-ik-* 'work efficiently,' *pokkiri-ik-* 'snap'), demonstrating, within the framework of Construction Morphology (Booij (2010)), how their semantic diversity is correlated with their categorial properties.

The organization of this paper is as follows. Section 2 introduces representative mimetic verbs in Japanese and other languages. Section 3 classifies mimetic 'go'-verbs obtained from a Japanese corpus and describes their

* Earlier versions of this paper were presented at a monthly meeting of the Nagoya Iconicity in Language and Literature Society and at a Kansai University English Linguistics Workshop in March 2018. I thank both audiences for their insightful comments. Any remaining inadequacies are my own. An extended version of this paper is available on my website. This study was supported by a JSPS Grant-in-Aid (no. 15K16741) and a Spanish Ministry of Science and Innovation grant (no. FFI2013–45553-C3; PI: Iraide Ibarretxe-Antuñano). This paper is dedicated to Professor Yo Matsumoto on the occasion of his sixtieth birthday. His evergreen curiosity about language and cognition has always inspired his colleagues and students, including myself.

formal properties. Section 4 presents a constructional network for these verbs and discusses general implications. Section 5 concludes this paper.

2. Mimetic Verbs

It is fairly common across languages that mimetics function as verbs with the help of semantically schematic verbs, such as 'do,' 'say,' 'quote,' 'think,' 'make,' 'give,' 'fall,' and 'be' (Childs (1994: 187–188), Franco (2017), Haiman (2018: Ch. 6)). For example, it is well known that mimetics in Afro-Asiatic languages form intransitive and transitive verbs in combination with 'say' and 'do,' respectively (Amha (2010), among others). Some languages have quotative-verbal constructions in which a verb meaning 'go' introduces an onomatopoeic mimetic (e.g. *go creak, creak* (Rhodes (1994: 281)), *qáw qáw qay ve* (Mim go to) 'to go bow-bow' (Lahu, Sino-Tibetan; Matisoff (1994: 120))).

In Japanese linguistics, four verbs—*su-* 'do,' *ku-* 'come,' *nar-* 'become,' and *iw-* 'say'—have been recognized as productive verbalizers for mimetic stems (e.g. *zawazawa-su-* 'buzz (of a crowd),' *shikkuri-ku-* 'find comfortable,' *kurat-to-nar-* 'feel giddy,' *byuubyuu-iw-* 'howl (of a wind)') (Kageyama (2007), Akita (2009), Toratani (2015)). This paper adds another set of mimetic verbs to this list: mimetic 'go'-verbs. Unlike the four better-known types of mimetic verbs, they show different degrees of wordhood depending on their meaning. A constructional description of these verbs will allow us to discuss some general implications for mimetic grammar.

3. Mimetic 'Go'-Verbs

In this section, I describe the diverse meanings of mimetic 'go'-verbs in Japanese and their categorial and morphological correlates. Considering the highly colloquial nature of these verbs, all data were collected from the Tsukuba Web Corpus (TWC).[1] Emphasis in cited examples is mine.

---

[1] I searched the corpus for [adverb + *ik-* 'go'] sequences, in which "adverbs" include mimetics.

3.1. Semantic Classification

First of all, *ik-* 'go' as a motion verb can cooccur with adverbial mimetics that represent manner of motion. Adverbial mimetics are often followed by the so-called quotative particle and can readily occur away from their host verbs, as in (1).[2]

(1) **Tekuteku-to** michi-o   **ik**-u   Dei-wa ...
     Mim-Quot   street-Acc go-Npst Day-Top
     'Day, who walked lightly along the street, ...'   ("Alfail Story")

The present corpus survey identified the following six types of mimetic 'go'-verbs in which *ik-* semantically extends to non-motion meanings.

(2) a. Agent-subject: Frequency in TWC
          i.   Activity (e.g. *kibikibi-ik-* 'work efficiently')   45 types
          ii. Impact (e.g. *goshigoshi-ik-* 'scrub')   11 types
          iii. Enjoyment (e.g. *gubigubi-ik-* 'gulp')   16 types
    b. Theme-subject:
          iv. Progress (e.g. *sunnari-ik-* 'go smoothly')   11 types
          v.   Change (e.g. *pokkiri-ik-* 'snap')   20 types
          vi. Sound (e.g. *dokan-to-ik-* 'bang')   2 types

The six types of mimetic 'go'-verbs can be grouped into two according to what their subject denotes (see Kageyama (2007) for a similar classification of mimetic 'do'-verbs). The agent-subject group is semantically closer than the theme-subject group to the motion use of *ik-* 'go,' which also takes an agentive subject.

The Activity type depicts the agent's active behavior, often without specifying the type of action. Two examples are given in (3).

---

[2] The abbreviations used in this paper are as follows: Acc = accusative; Cop = copula; Dat = dative; Gen = genitive; Ger = gerundive; Hort = hortative; Mim = mimetic; Neg = negative; Nom = nominative; Npst = nonpast; Pass = passive; Pol = polite; Pst = past; Quot = quotative; Sfp = sentence-final particle; Top = topic.

(3) Activity (agent-subject):
   a. Kyoomi-ga   at-tara **guigui-iki**-masu-kara.
       interest-Nom be-if   Mim-go-Pol-because
       '[I] take a positive attitude if [I] am interested.'
                                          (SHIBA-SALLY & MUSIC)
   b. Asera-zu **nonbiri-iki**-mash-oo!
       rush-Neg Mim-go-Pol-Hort
       'Let's not hurry and work leisurely!'
                          ("Kuramotoya Honten (Kuramotoya Head Store)")

The Impact type is normally transitive, taking an accusative-marked NP, as in (4a). This meaning is not expected from the intransitive verb *ik-* 'go.' Some examples involve a dative-marked NP denoting the target of the action, as in (4b).

(4) Impact (agent-subject):
   a. Kono koro-kara … haguki-no ue-o   **goshigoshi-it**-te-mo i-i
       this about-from gums-Gen top-Acc Mim-go-Ger-even good-Npst
       'From around this age, [you] may … scrub [your kid's] gums
       with a toothbrush.'   ("Dentaru Kafe (Dental Cafe)")
   b. … tame-san-de kao-ni   **gatsun-to-iki**-mas-u.
           tame.3-with face-Dat Mim-Quot-go-Pol-Npst
       '… strike [the enemy] on the face with "tame 3" [= the name of
       a technique in a video game].' ("Mura-kue Kōryaku (Manual of
       village quests) ")

The Enjoyment type typically refers to eating and drinking, as in (5a), but may also represent other enjoyable activities, such as smoking and singing, as in (5b).

(5) Enjoyment (agent-subject):
   a. Hontoo-wa ji-biiru-o   **guit-to-iki**-tai
       really-Top local-beer-Acc Mim-Quot-go-want.to
       tokoro-des-u-ga …
       where-Cop.Pol-Npst-but
       'Though this is actually where [I] want to gulp local beer, …'
               ("Matsue Musha Ōen-tai (Matsue Warrior Cheering Team)")

b. … natsumero-no kaeuta-mo **banban-iki**-mas-u.

   oldies-Gen   parody-too Mim-go-Pol-Npst

   '… [I] sing lots of parodies of oldies, too.' ("Hito-to Chigatte-
   mo Ee-yanka (It's Okay to Be Different from Others)")

The Progress type typically depicts how efficiently or inefficiently things
go, as in (6).

(6) Progress (theme-subject):

   a. Kondo-wa   **sunnari-iki**-mashi-ta.

      this.time-Top Mim-go-Pol-Pst

      '[Things] went smoothly this time.' ("Pasokon Toraburu Shutchō
      Shūri/Sapōto Nikki (Diary on Home Visiting PC Repair/Assis-
      tance Service)")

   b. **Zuruzuru-iki**-soo-des-u-ne.

      Mim-go-seem-Cop.Pol-Npst-Sfp

      '[Things] seem to go on and on, don't they?'

      ("Oshiete! Goo: Ren'ai Sōdan (Tell Me, Goo!: Love Advice)")

The Change type typically represents an undesirable or unintended change
of state, such as collapse and breakage, as in (7).

(7) Change (theme-subject):

   a. Gagamaru-wa hik-are-ru-to   **battari-ik**-u-to   i-u

      Gagamaru-Top pull-Pass-Npst-when Mim-go-Npst-Quot say-Npst

      ketten-o   kanari jikaku-shi-te   i-te …

      weak.point-Acc   rather awareness-do-Ger   be-Ger

      'Gagamaru [=a sumo wrestler] is rather aware of [his] weak
      point of falling suddenly when jerked, and …' ("nix in desertis")

   b. Airabuyuu-de **korori-to-ik**-u.

      I.love.you-with Mim-Quot-go-Npst

      '[Japanese women] easily fall in love [when you just say the
      English phrase] "I love you."'

      ("Oshiete! Goo: Ren'ai Sōdan (Tell Me, Goo!: Love Advice)")

The Sound type is exceptionally rare. It depicts the sound of an explo-
sion, as in (8).

(8) Sound (theme-subject):

  a. ... sensaa-ga   hanshaha-o   torae-tara **dokan-to-ik**-u

      sensor-Nom reflected.wave-Acc catch-if   Mim-Quot-go-Npst

      shikumi-ja.

      mechanism-Cop

      '... [the missile] goes bang if the sensor catches a reflected wave.' ("Koku-san Misairu Yomoyama-banashi (Various Stories of Domestic Missiles)")

  b. ... mukashi-wa   hinawajuu, fuffuffu, jijijijiji moe-te

      long.ago-Top matchlock Mim   Mim   burn-Ger

      baan-to-ik-u-desho.

      Mim-Quot-go-Npst-Sfp

      '... [we] used to [use] matchlocks, [which] burned slowly and then went bang, didn't they?'   ("Kiritachigoe")

This semantic diversity of mimetic 'go'-verbs is not fully predictable from the polysemy of the verb *ik*- 'go.' As shown in (9), this motion verb only covers half of the semantic range of mimetic 'go'-verbs (i.e. Activity, ?Impact, Enjoyment, Progress). The Change and Sound meanings also diverge from the motion meaning with respect to telicity. While *ik*- 'go' is originally atelic (e.g. *{ichi-jikan/*ichi-jikan-de} michi-o it-ta* 'went along the street {for/*in} an hour'), these two types of mimetic 'go'-verbs are telic (e.g. *{*isshun/isshun-de} {battari/dokan-to}-it-ta* '{fell suddenly/went bang} {*for/ in} an instant'). However, it should be noted that the semantic range of mimetic 'go'-verbs as such is not random, as suggested by its considerable overlap with the semantic network of the English verb *go* (see the rightmost column of (9)).

(9) a. Agent-subject: *ik*- 'go'   English *go*

      i. Activity: *kibishiku ik*- 'take a severe attitude' *Here we go!*

      ii. Impact: *?hoo-o omoikiri ik*- 'slap one's cheek' n/a

      iii. Enjoyment: *ikki-ni ik*- 'drink at a gulp'   n/a[3]

---

[3] English *go* does have a marginal use as a transitive verb of enjoyment, as illustrated in (i).

   (i) 'I could certainly **go** a mug of hot tea,' I thought, as I examined my lumps and

  b. Theme-subject:
      iv. Progress: *umaku ik-* 'go well'   *go on and on*
      v. Change: **mapputatsu-ni ik-* 'split right in half' *go crazy*
      vi. Sound: **urusaku ik-* 'make a noise'   *go bang*

In Section 4, I will apply the framework of Construction Morphology to mimetic 'go'-verbs and discuss their semantic diversity as constructional polysemy.

3.2. Categorial Properties

The two major semantic groups of mimetic 'go'-verbs exhibit different degrees of wordhood. As shown in (10), agent-subject verbs are easier than theme-subject verbs to separate with a phrase. Based on this contrast, one may conclude that agent-subject mimetic 'go'-verbs, particularly the Activity and Enjoyment types, are actually [mimetic adverb + verb] sequences. Nevertheless, it should be noted that even the agent-subject group is not as freely separable as manner-of-motion mimetic adverbs modifying *ik-* 'go' (e.g. **tekuteku-to** *michi-o* **ik-** 'walk lightly along the street' in (1)).

  (10) a. Agent-subject:
       i. Activity:
           ?**Guigui** kanari   **iki**-mas-u. (cf. (3a))
           Mim   considerably go-Pol-Npst
           '[I] take a rather positive attitude.'
       ii. Impact:
           ??Haguki-o **goshigoshi** kanari   **it**-te-mo   i-i. (cf. (4a))
           gums-Acc Mim   considerably go-Ger-even good-Npst
           '[You] may scrub [your kid's] gums rather hard.'
       iii. Enjoyment:
           ?Kaeuta-mo **banban** kanari   **iki**-mas-u. (cf. (5b))
           parody-too Mim   considerably go-Pol-Npst
           '[I] sing quite a lot of parodies, too.'

----

    bumps caused by the ever-persistent mosquitoes.
         (British National Corpus (185 A61 W_biography); emphasis added)

b. Theme-subject:
   iv. Progress:
      *Kondo-wa **sunnari** kanari **iki**-mashi-ta. (cf. (6a))
      this.time-Top Mim   considerably go-Pol-Pst
      '[Things] went rather smoothly this time.'
   v. Change:
      *Gagamaru-wa **battari** kanari **it**-ta. (cf. (7a))
      Gagamaru-Top Mim   considerably go-Pst
      'Gagamaru fell rather suddenly.'
   vi. Sound:
      *Misairu-ga **dokan-to** kanari **it**-ta. (cf. (8a))
      missile-Nom Mim-Quot considerably go-Pst
      'A missile went bang rather noisily.'

This type of non-uniformity in wordhood has not been reported for other types of mimetic verbs in Japanese. For example, *su-* 'do,' the most productive verbalizer for mimetics, forms both agent-subject and theme-subject verbs, neither of which allows a phrase to intervene (e.g. ***burabura** kanari **shi**-ta* 'strolled a lot' (agent-subject) vs. ***guragura** kanari **shi**-ta* 'wobbled a lot' (theme-subject)) (Kageyama (2007)). In Section 4, I will discuss the non-uniform categorial properties of mimetic 'go'-verbs in light of the general correlation between semantics and morphosyntax.

3.3. Morphological Preference

The six types of mimetic 'go'-verbs also show different morphological preferences. Japanese mimetics have three representative morphological shapes: reduplicated (e.g. *pokipoki* 'snapping repetitively'), suffixed (e.g. *pokit(-to)/pokin(-to)/pokiri(-to)* 'snapping once'), and CVCCVri (e.g. *pokkiri* 'snapping completely'). As the translations of the examples suggest, each of these forms is iconically associated with certain aspectual or more abstract semantic features (Hamano (1998), Tamori and Schourup (1999), Akita (2009)). These semantic associations manifest themselves as skewed morphological distribution in mimetic 'go'-verbs, as in Figure 1.

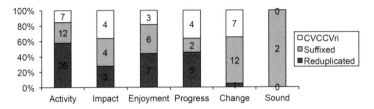

Figure 1.   Morphological Distribution of Mimetic 'Go'-Verbs

To be more specific, the Activity type is more likely than the other types to be reduplicated (e.g. *kibikibi-ik-* 'work efficiently,' *gangan-ik-* 'work vigorously') because of its durative aspect (Fisher's exact test: $p < .01$). Likewise, the Change type, which usually depicts a quick, complete change, more strongly prefers non-reduplicated forms (e.g. *pokit-to-ik-* 'snap', *pokkuri-ik-* 'die suddenly') compared to the other types (Fisher's exact test: $p < .001$). The constructional approach in Section 4 will enable us to incorporate these morphological tendencies into the whole picture of mimetic 'go'-verbs.

4.   General Discussion

4.1.   A Constructional Account

The previous section showed some categorial and morphological properties of the six semantic types of Japanese mimetic 'go'-verbs. In this section, I take a constructional perspective on these findings.

Construction Morphology is an output-oriented, non-derivational theory of words and word-like units (Booij (2010)). Sharing basic tenets with Construction Grammar, it assumes a continuum between syntax and the lexicon, both of which consist of form-meaning pairs. A form-meaning pairing at any point on the continuum is qualified as a construction if it is not fully predictable from its component parts or from other constructions or if it is frequent enough (Goldberg (2006)). For example, Dutch *-er*-nouns (e.g. *bakker* 'baker,' *houder* 'container,' *maaier* 'mower') instantiate a morphological construction that is schematically represented as "$[V_i\text{-er}]_{Nj} \leftrightarrow$ [entity involved in SEM$_i]_j$" (Booij (2010: 80)). The correspondences between the formal and semantic specifications of this construction, which are given on the left and right sides of the arrow respectively, are designated by coindex-ing. This construction has three productive meanings (i.e. Agent, Instru-ment, Object), which are represented as subschemas that inherit the formal and functional properties of the mother node of the constructional hierarchy. Figure 2 is an inheritance network for mimetic 'go'-verbs in Japanese.

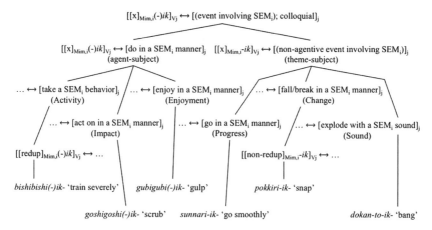

Figure 2. An Inheritance Hierarchy for Mimetic 'Go'-Verbs[4]

The network first splits into the agent- and theme-subject groups, which dif-fer from each other in wordhood. Each of the two subschemas is further di-vided into three semantic subtypes. Thus, the semantic diversity of mimetic 'go'-verbs can now be considered the polysemy of the morphological con-struction they instantiate. The morphological preferences of the Activity and Change types are also represented by subschemas. Note that Activity and Change type mimetic verbs with less typical morphological shapes (e.g. *nonbiri-ik-* 'go leisurely' [Activity, CVCCVri]) directly instantiate the third-level nodes.

4.2. Implications for Mimetic Grammar

The present constructional description has some general implications for

---

[4] The colloquial nature of mimetic 'go'-verbs appears to suggest that they were originally playful variants of more conventional forms. For example, *goshigoshi-ik-* 'scrub' has a conventional equivalent consisting of a mimetic adverb and a verb (*goshigoshi migak-* 'pol-ish in a scrubbing manner').

mimetic grammar. The constructional network in Figure 2 suggests that the semantic unpredictability of the Change and Sound types (Section 3.1) is associated with their wordhood (Section 3.2). Recall that the less cohesive types (i.e. Activity, Impact, Enjoyment) find equivalent uses in the verb *ik-* 'go.' In other words, it appears that the stronger structural unity a mimetic 'go'-verb has, the more extended the meaning it may have.

The connection between the semantic flexibility and morphosyntax of mimetic and non-mimetic (or "prosaic") words has been noted in some studies. Akita and Usuki (2016) observe that [mimetic + verb] sequences without quotative marking, which, they argue, have a cohesive structure like compound verbs, are more compatible with metaphorically extended meanings (e.g. *battanbattan shin-* (Mim die) 'die one after another' (< *battanbattan* 'falling down with a bang')) than quotative-marked mimetics (e.g. *?battanbattan-to shin-*).

Similarly, some prosaic verbs in English, but not their non-verbal counterparts, have additional connotations. For example, the deictic verb *come* may mean more than just direction of motion. Matsumoto et al. (2017: 117) experimentally show that sentences with *come* are preferred for situations in which the mover moves to interact with the speaker, whereas sentences with *toward me* do not have such an inclination.

A question remains as to why semantic extensibility is associated with wordhood. I conclude this section by noting four possible motivations for the association that may not be mutually exclusive. The first motivation is idiomaticity. Idiosyncratic meanings of idioms often come with a fixed structure. For example, the Japanese verbal idiom *ki-ni ir-* (feeling-Dat enter) 'like' does not allow an object NP to intervene (e.g. *doresu-o ki-ni ir-* vs. **ki-ni doresu-o ir-* 'like a dress'). The same might be true for at least some mimetic 'go'-verbs (see Akita and Usuki (2016) for a similar interpretation of [mimetic + verb] sequences without quotative marking). The second motivation is verb semantics. Verbs represent processes that may involve various concepts, including participants, event settings, and background (Matsumoto et al. (2017: 118); cf. Gentner and France (1988), Croft (1993)). This semantic potential might even give rise to unpredictable meanings. The third motivation is demimeticization. Being a verb essentially means being able to function as a predicate. Syntactic integration into the predicate weakens the expressive power of mimetics, making them like prosaic words (Dingemanse and Akita (2017)). This might cause mimetic verbs to acquire abstract, prosaic-like meanings. The fourth motivation is the economics of the predicate. As the predicate is a necessary part of a clause, it would only need minimum cognitive effort. This economical advantage might facilitate the semantic extension of verbs, including mimetic 'go'-verbs. Further research on these and other possibilities will shed new light on mimetic grammar and beyond.

5. Conclusion

In this paper, I have shown that *ik-* 'go' forms mimetic verbs. The constructional polysemy these verbs exhibit appears to be paired with their varying categorial status. The present findings raise some important research questions. Among them is the question of where the crosslinguistic diversity of the syntax and semantics of mimetics comes from. Mimetics are adverbial in some languages but verbal in other languages, and some languages only have onomatopoeic mimetics, whereas mimetics in other languages cover a broad range of sensory meanings, from manner of motion and texture to color and emotion (Akita (2009), Dingemanse (2012), Dingemanse and Akita (2017), among others). The correlation between the categorial status and meaning of mimetics observed in this paper suggests an interesting hypothesis that syntactic typology and semantic typology go together in mimetics. Examination of this hypothesis will be prompted by the growing interest in mimetics in Japanese dialectology. Recent field reports suggest that mimetics in different dialects or registers may have different functions and constructions (Kobayashi (2018)). I hope that such accumulating empirical studies, together with theoretical considerations, will reveal the still mysterious system of mimetics.

References

Akita, Kimi (2009) *A Grammar of Sound-Symbolic Words in Japanese: Theoretical Approaches to Iconic and Lexical Properties of Mimetics*, Doctoral dissertation, Kobe University.

Akita, Kimi and Takeshi Usuki (2016) "A Constructional Account of the "Optional" Quotative Marking on Japanese Mimetics," *Journal of Linguistics* 52, 245-275.

Amha, Azeb (2010) "Compound Verbs and Ideophones in Wolaitta Revisited," *Complex Predicates: Cross-Linguistic Perspectives on Event Structure*, ed. by Mengistu Amberber, Bret Baker and Mark Harvey, 259-290, Cambridge University Press, Cambridge.

Booij, Geert (2010) *Construction Morphology*, Oxford University Press, Oxford.

Childs, G. Tucker (1994) "African Ideophones," *Sound Symbolism*, ed. by Leanne Hinton, Johanna Nichols and John J. Ohala, 178-204, Cambridge University Press, Cambridge.

Croft, William (1993) "The Role of Domains in the Interpretation of Metaphors and Metonymies," *Cognitive Linguistics* 4, 335-370.

Dingemanse, Mark (2012) "Advances in the Cross-Linguistic Study of Ideophones," *Language and Linguistics Compass* 6, 654-672.

Dingemanse, Mark and Kimi Akita (2017) "An Inverse Relation between Expressiveness and Grammatical Integration: On the Morphosyntactic Typology of Ideophones, with Special Reference to Japanese," *Journal of Linguistics* 53, 501-532.

Franco, Ludovico (2017) "L-Syntax and Phono-Symbolism: On the Status of Ideophones in Complex Predicates," *Canadian Journal of Linguistics* 62, 243-279.

Gentner, Dedre and Ilene M. France (1988) "The Verb Mutability Effect: Studies of the Combinatorial Semantics of Nouns and Verbs," *Lexical Ambiguity Resolution: Perspectives from Psycholinguistics, Neuropsychology, and Artificial Intelligence*, ed. by Steven L. Small, Garrison W. Cottrell and Michael K. Tanenhaus, 343-382, Morgan Kaufmann, San Mateo, CA.

Goldberg, Adele E. (2006) *Constructions at Work: The Nature of Generalization in Language*, Oxford University Press, Oxford.

Haiman, John (2018) *Ideophones and the Evolution of Language*, Cambridge University Press, Cambridge.

Hamano, Shoko (1998) *The Sound-Symbolic System of Japanese*, Kurosio Publishers, Tokyo.

Kageyama, Taro (2007) "Explorations in the Conceptual Semantics of Mimetic Verbs," *Current Issues in the History and Structure of Japanese*, ed. by Bjarke Frellesvig, Masayoshi Shibatani and John Smith, 27-82, Kurosio Publishers, Tokyo.

Kobayashi, Takashi, ed. (2018) *Kansei no Hōgengaku* (Dialectology of Emotion), Hituzi Syobo, Tokyo.

Matisoff, James A. (1994) "Tone, Intonation, and Sound Symbolism in Lahu: Loading the Syllable Canon," *Sound Symbolism*, ed. by Leanne Hinton, Johanna Nichols and John J. Ohala, 115-129, Cambridge University Press, Cambridge.

Matsumoto, Yo, Kimi Akita and Kiyoko Takahashi (2017) "The Functional Nature of Deictic Verbs and the Coding Patterns of Deixis: An Experimental Study in English, Japanese, and Thai," *Motion and Space across Languages and Applications*, ed. by Iraide Ibarretxe-Antuñano, 95-122, John Benjamins, Amsterdam.

Rhodes, Richard (1994) "Aural Images," *Sound Symbolism*, ed. by Leanne Hinton, Johanna Nichols and John J. Ohala, 276-292, Cambridge University Press, Cambridge.

Tamori, Ikuhiro and Lawrence Schourup (1999) *Onomatope: Keitai to Imi* (Onomatopoeia: Form and Meaning), Kurosio Publishers, Tokyo.

Toratani, Kiyoko (2015) "Iconicity in the Syntax and Lexical Semantics of Sound-Symbolic Words in Japanese," *Iconicity: East Meets West*, ed. by Masako K. Hiraga, William J. Herlofsky, Kazuko Shinohara and Kimi Akita, 125-141, John Benjamins, Amsterdam.

中国語の原因型結果構文に対する
フレーム・コンストラクション的アプローチ*

陳　奕廷

東京農工大学

1.　はじめに

　中国語の原因型結果構文とは (1) のような構文で，構文全体の主語が状態変化を引き起こす原因を表し，中国語結果複合動詞 V1V2 の主要部だとされている V1 (“吃” (eat)) の動作主にあたる項が，構文の目的語の位置に実現している．原因型結果構文はこのような特異な項実現が特徴的であり，多くの研究が行われてきた (Li (1995)，秋山 (1998)，Sybesma (1999)，Huang (2006)，Her (2007)，Lee and Ackerman (2011)，沈 (2013) など)．

　　(1)　違禁減肥薬　　吃死　　醫學生.
　　　　 illegal-diet-drug eat-die medical.student
　　　　 （違法なやせ薬が医学生を死なせた（その薬を食べたことで）.）
　　　　 (<http://www.chinanews.com/jk/2013/04-27/4772258.shtml>
　　　　 2018/05/12 確認)

従来の原因型結果構文の研究では説明のしやすさを重視して，主に作例が用いられてきたが，実際の容認度が低い不自然な例文になっている場合が散見される．そのため，本論文では (1) のように，非文以外の原因型結果構文の例文は Google 検索で用例のあるものを検討する．[1] また，コーパスや文学作品での用例数を検討することで，本論文の主張を実証的に裏付ける．

　2 節で詳しく述べるが，近年では石村 (2011)，于 (2015)，邱 (2017) が共

---

　* 本論文は日本言語学会第 156 回大会（2018 年 6 月 23 日）で発表した内容を加筆修正したものである．発表の際，多くの方から有益なコメントを頂いたことに感謝の意を表したい．なお，本研究は JSPS 科研費 17K13456 の助成を受けたものである．
　[1] 非文は作例を用いるが，同様の例文がコーパスに存在しないことを前提とする．また，先行研究で検討している例文を取り上げる場合や原因型結果構文以外の例文は，この限りではない．

通して，原因型結果構文の成立条件として，V1V2 が再帰的な構造を持つこと（X が V1 した結果，X または X の一部に V2 の状態変化が生じる）を挙げている．しかし，なぜこの構文に再帰的な構造が必要なのかは明らかにされていない．また，ある複合動詞が再帰的な構造を持っているかどうかをどのように判断するのか，という課題がある．もっと言えば，なぜ"吃死"（eat-die）という複合動詞は存在するのに，"*舔死"（lick-die）が存在しないのか．これは秋山（1998）や于（2015）で用いている「語彙概念構造（Lexical Conceptual Structure, LCS）」のような簡略的な意味構造では説明できない問題である．さらに，従来の研究で言及されていない意味的な制約として，原因型結果構文（NP1 V1V2 NP2）に埋め込まれる V1V2 はネガティブな状態変化を表すものに限られる（「ネガティブな再帰的状態変化の制約」）．例えば，"吃飽"（eat-be.full）と（1）の"吃死"は共に再帰的な構造を持っており，共に V1V2 として存在するが，"吃死"は原因型結果構文に埋め込むことができるのに対し，"吃飽"は（2b）のように埋め込むことができない（"睡飽"（[sleep-be.full] 十分に寝る），"睡醒"（[sleep-wake.up] 眠りから覚める），"坐好"（[sit-be.good] きちんと座る），"坐齊"（[sit-be.complete] 揃えるように座る），"學乖"（[learn-be.clever] 学んで賢くなる）なども同様に複合動詞としては存在するが，原因型結果構文になれない）．

(2) a.　我　吃飽了.
　　　　I　eat-be.full-asp
　　　（私はお腹いっぱい食べた.）
　　b. *豐盛的大餐　　　　　吃飽了　　　　我.
　　　　lavish-gen-big-meal eat-be.full-asp I
　　　（Lit. 豪華な食事が私を満腹にさせた.）

　加えて，ある原因によってある位置変化が起こるという場合は，（3）のように原因型結果構文として成立しない（「再帰的位置変化不可の制約」）．なぜ原因型結果構文が状態変化にしか使えないのかを説明する必要がある．

(3) *香蕉皮　　　從樓梯　　摔下了　　　張三.
　　banana.peel from-stairs fall-down-asp Zhangsan
　　（Lit. バナナの皮が張三を階段から転ばせた.）

（4）の"飄起"（flutter-rise）のように，一見「ネガティブな再帰的状態変化の制約」と「再帰的位置変化不可の制約」という意味的な制約の反例のように思

えるものがあるが，"飄"は『教育部重編国語辞典修訂本』(<http://dict.re-vised.moe.edu.tw>) によると他動詞の用法があり，また，"強風把裙擺飄起" (a strong wind blow up the skirt) (<http://traverlover.blogspot.com/2014/07> 2018/05/12 確認) のように，他動詞しか取れない"把"構文に現れることも可能であるため，(4) は他動詞構文の例だと考えられる．

 (4) 微風　　飄起　　　　　　　她淡色的秀髮.
    breeze make.flutter-rise she-light-gen-hair
    (そよ風が彼女の淡色の髪を舞い上がらせた.)
    (<http://big5.cri.cn/gate/big5/news.cri.cn/gb/2201/2005/09/19/1405
    @707133.htm> 2018/05/12 確認)

 本論文は陳・松本 (2018) で用いたフレーム・コンストラクション的アプローチに基づき，原因型結果構文を (5) のように定義する．

 (5) 原因型結果構文 (↔は形式と意味の対応関係を表す)
   [NP1$_i$　V1V2　NP2$_j$] ↔ [ある原因$_i$のせいである対象$_j$にとって好ま
         しくない再帰的な状態変化 V1V2 が起こる]

ここで注意すべきことは，原因型結果構文として成立していない場合においても，複合動詞としては成立している場合が多くある，ということである．例えば，"吃飽"は前述のように，原因型結果構文に埋め込むことができないが，"我吃飽了"(I eat-be.full asp) のように，自動詞構文として使うことができる．

 (5) の原因型結果構文の定義に基づき，本論文は原因型結果構文がなぜこのような特異な項実現パターンを持つのかということについて 3.1 節で説明する．この構文に参与する 2 つの動詞の「語彙的意味フレーム」という意味構造を埋め込むことで，複合動詞が再帰的な構造を有しているかどうかを判断できることを 3.2 節で示す．3.3 節では「ネガティブな再帰的状態変化の制約」と「再帰的位置変化不可の制約」という意味的な制約が構文の「慣習化 (conventionalization, Traugott and Trousdale (2014) を参照)」によるものだと主張し，コーパスのデータに基づいて実証する．また，4 節では，ある短編小説に出てきた全ての動詞を見ることで，ほかの使役構文 ("使","讓"構文) と比較し，これらの制約が原因型結果構文特有のものであることを示すとともに，その理由を明らかにする．5 節で結論を述べる．

2.　先行研究とその問題点

　従来の原因型結果構文の研究には，小節（small clause）として分析した Sybesma（1999）や，軽動詞併合の観点を取る Huang（2006），使役役割を用いて説明した Li（1995）及び Her（2007），構文文法（Construction Grammar）の枠組みから分析した Lee and Ackerman（2011）などがある．これらの研究はそれぞれ問題点を抱えているが，共通して存在する問題点としては，原因型結果構文の V1V2 が再帰的な構造を持たなければならないという事実を捉えていないことが挙げられる．

　それに対し，石村（2011）は V1V2 が再帰的な構造を持つことが必要だと主張し，その後の于（2015）及び邱（2017）の研究においても，主張の違いはあるものの，再帰的な構造が必要だという点で一致している．しかし，これらの研究に共通する問題点として，なぜこの構文の V1V2 が再帰的な構造に限られるのかを説明できない，ということが挙げられる．

　石村（2011）は，原因型結果構文は再帰構造を持つ自動詞文に，臨時的なエネルギー源として捉え直された「原因主」が導入されて他動詞化したものだと述べているが，なぜこの操作が再帰構造のものに限られるのかは不明である．

　于（2015）は結果複合動詞の項構造において，項 α に theme の解釈があるときに限り，項 α は目的語として具現化される．そして，その場合は主語（外項）がなければならないと主張している．しかし，（6）のような例において，目的語の "許多人" は V2 にとっての theme だが，外項は存在しない．

　（6）　大雪　　　冷死了　　　　　許多人.
　　　　big.snow　feel.cold-die-asp　many-people
　　　　（この大雪は多くの人を凍えさせ，死なせた．）
　　　　（<https://books.google.co.jp/books?isbn=9887739219>　2018/05/12
　　　　確認）

　邱（2017）は原因型結果構文の形成について，（7）を例に説明している．

　（7）　馬拉松　　　跑累了　　　　張三.
　　　　marathon　run-be.tired-asp　Zhangsan
　　　　（マラソンによって張三は走り疲れた．）

それによると，図1のように，構文のツリー構造において，動詞 V1 が軽動詞 BECOME と併合してから，さらに軽動詞 CAUSE の位置に上昇するという

プロセスを仮定することで，原因型結果構文の成立条件，つまり再帰的な構造を持たなければいけない，ということを説明できるという．

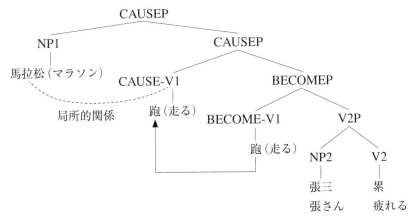

図1. 邱（2017: 33）における原因型結果構文の形成プロセス

　しかし，このようなプロセスを仮定する妥当性はさておいても，邱（2017）の主張によると，この仮定では原因項の名詞句 NP1 が動詞 V1 と構造上，局所的な関係を持つことになる．そのため，V1 と NP1 は文法的な関係（動詞—補語の関係）になければならないという．しかし，次の例において，"看"と"暗黄的燈"はそのような文法的な関係にはない．

(8)　暗黄的燈　　　　　　　看壞　　　　　　我的眼睛.
　　　dim.yellow-gen-light read-be.broken I-gen-eyes
　　　（薄暗い電気によって私の目は悪くなった（その電気のもとで何かを読むことで）.）
　　　（<https://www.jianshu.com/p/34e8b98a705f> 2018/05/12 確認）

　また，先行研究に共通する重大な問題点として，なぜ「ネガティブな再帰的状態変化の制約」と「再帰的位置変化不可の制約」のような意味的な制約が存在するのかを説明できない．本稿は次節より原因型結果構文がなぜ成立するのか，そして，なぜこれらの制約が存在するのか，その動機付けを明らかにする．

3.　原因型結果構文のフレーム・コンストラクション的分析

3.1.　原因型結果構文の成立

　フレームとコンストラクションに基づく分析に入る前に，原因型結果構文が
なぜ特異な項実現パターンを持つのか，ということについて考察する．

　V1V2 は結果複合動詞であり，〈V1 したことで V2 という結果が生じる〉，
という意味を表す．そのため，[NP1 V1V2 NP2] という形式は論理的には (9)
のように 4 つの意味実現の可能性が存在する．

(9)　a.　NP1 が V1 したことで NP1　　c.　NP2 が V1 したことで NP1
　　　　　が V2 する　　　　　　　　　　　　が V2 する
　　　b.　NP1 が V1 したことで NP2　　d.　NP2 が V1 したことで NP2
　　　　　が V2 する　　　　　　　　　　　　が V2 する

この中で，(9b) は通常の他動詞構文である（"我打砕了花瓶" I hit-be.broken-
asp vase）．そして，(9c) は通常の使役事象を表しているが，動作主が目的語，
被動作主が主語にあるため（主語・目的語を決定する際の意味的な要因につい
ては Dowty（1991）を参照）不可能な実現パターンとなる（"*花瓶打砕了我"）．
(9a) のような文は "我吃膩了漢堡"（I eat-get.tired.of-asp hamburger）のよう
な構文で，動作主が主語，被動作主が目的語として実現しているが，他動詞構
文とは異なり，V2 の状態変化を受けるのは動作主である．この構文は本稿の
対象ではないため詳細は別稿に譲る．そして，(9d) の再帰的な構文が本稿で
検討する原因型結果構文である．このように原因型結果構文は論理的に実現可
能なパターンだが，なぜそれが成立するのだろうか．

　ある使役事象の参与者のプロトタイプ的な意味役割は使役者及び被使役者で
ある．そして，このプロトタイプからさらに使役者の意志性の有無によって，
意志的な動作主と被動作主，そして，非意志的な原因と受影者へと下位分類す
ることができる．動作主と被動作主の使役構文は (9b) のようなものである．
それに対し，(9d) の原因型結果構文は原因と受影者の使役構文だと考えるこ
とができる．その上で，使役連鎖（causal chain）の観点からみると，使役連
鎖の起点である原因は主語として実現されやすく，終点である受影者は目的語
として実現されやすい（Croft（1991）を参照）．そのため，(9d) のような項
実現が可能となるのである（図における二重矢印は使役を表す）．

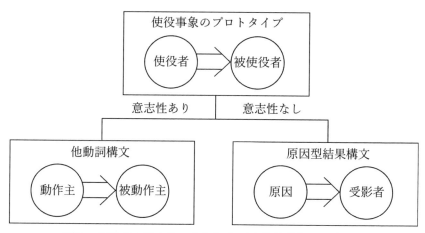

図 2.　使役者の意志性の有無に基づく使役事象の下位分類

3.2.　フレームに基づく分析

　次に，意味構造の問題についてだが，フレーム意味論では，意味は独立した
ものではなく，背景状況や関連する概念と共に喚起されると考える（Fillmore
(1982)）．本稿が用いる語彙的意味フレームとは，ある語の意味あるいはその
語が喚起するもので，動詞の場合はそれが指し示す動作だけではなく，その動
作を引き起こすことができる「原因」やその動作によって起こりうる「結果」
のほか，「手段」，「目的」，「様態」など，動作と関連する事象の情報を含む意
味構造である．例えば“吃”という動詞が指し示す中心事象は〈摂食者が食べ
物を口に入れ，飲み込む〉だが，その背景には様々な関連する情報がある．な
ぜ食べるのか，どうやって食べるのか，食べるとどういう結果が起こるのか，
などである．こうした情報は多種多様であるが，決して何でもありというわけ
ではなく，限定的なものである．例えば，何かを食べたために満腹になった
り，体重が増えたり，気持ちが悪くなったりはするが，手がしみたり，肌がか
ぶれたり，髪の毛が傷んだり，体が濡れたり，凍えたりすることはあまり考え
られない（後半の結果は“洗”（wash）の結果に含まれるものである）．このよ
うに判断できるのは，食べるという行為の周辺的事象に関する知識を私たちが
持っており，そして，このような情報がその行為を表す動詞と結びついている
ことを示している．
　語彙的意味フレームは，中心事象，関連事象，および，それらの参与者から
なる．そのうち，事象参与者と関連事象は「フレーム要素」（【　】で表す）で

ある．例えば，"吃"の語彙的意味フレームは次のように表すことができる．

表1．"吃"の語彙的意味フレーム

[chī]ᵥ 背景フレーム：〈摂食〉フレーム	
中心 事象	【摂食者】が【食べ物】を【口】に入れ，飲み込む
事象 参与 者	【摂食者】：【食べ物】を摂取する人． 【食べ物】：【摂食者】が摂取して消化するもの． 【飲食の場所】：【食べ物】を出す場所． 【口】：【摂食者】が【食べ物】を入れる身体部位． 【食器】：【摂食者】が【食べ物】を摂食するための道具．

	【理由】	(空腹を感じたことで；食欲をそそられたことで；…)
	【様態】	(ゆっくりと；がつがつと；くちゃくちゃと；…)
	【目的】	(栄養を摂取するため；増量するため；ストレス解消するため；…)
関連 事象	【結果】	(【摂食者】が満腹になる；【摂食者】がお腹を壊す；(体に害するものを食べたことで／大量に摂取したことで)【摂食者】が死ぬ；…)
	【共起事象】	(飲みながら；話しながら；テレビを見ながら；…)
		⋮

"吃"の関連事象には，動詞から直接喚起される一次的な関連事象（例えば【結果】：【摂食者】が満腹になる）もあれば，目的語から得られる「食べたもの」の情報，あるいは副詞的な要素から得られる「食べた量」という情報と組み合わせた場合に喚起される二次的な関連事象（例えば【結果】：(体に害するものを食べたことで／大量に摂取したことで)【摂食者】が死ぬ）も含まれる．

　語彙的意味フレームを用いることで，"吃死"が成立するのは，表2のように，結果複合動詞のコンストラクションが指定する特定の意味的一致性（表における網かけと四角で囲まれた部分）が存在するからだと説明できる．"吃"の起こりうる【結果】の1つに「(体に害するものを食べたことで)【摂食者】が死ぬ」という情報があるため，"死"の中心事象との意味的一致により，V1の【摂食者】とV2の【生物】が同一物と見なされる．それによって，"吃死"が再帰的な構造を持つことが可能だと判断できる．

表2. "吃"と"死"の語彙的意味フレーム（一部の情報を省略している）

	V1 [*chī*]v		V2 [*sǐ*]v	
中心事象	【摂食者】が【食べ物】を【口】に入れ，飲み込む		【生物】が生命活動を停止する	
事象参与者	【摂食者】【食べ物】【口】【飲食の場所】…		【生物】【場所】【時間】…	
関連事象	【結果】	（【摂食者】が満腹になる；（体に害するものを食べたことで）【摂食者】が死ぬ；…）	【原因】	（病気になったことで；事故に遭ったことで；体に害するものを食べたことで；…）
	【様態】	（ゆっくりと；…） ⋮	【様態】	（眠るように；…） ⋮

　一方，"打"(hit) の【結果】には「打たれた【対象】が{壊れる／潰れる／死ぬ}」などの情報はあるが，「【打撃者】（打つ人）が死ぬ」という情報が含まれていないため"打死"は原因型結果構文になれないと説明できる．

　また，原因型結果構文の主語として実現する原因という意味要素は (8) の"暗黄的燈"のように，V1 や V2 の項ではない場合がある．このような例については，于 (2015) などで用いられている LCS では，それがどのように具現化されたのかを説明できない．一方，フレーム意味論では，"暗黄的燈"は"壞"の語彙的意味フレームの【原因】に含まれるフレーム要素であり，"看"における【光源】でもあるため，これらのフレーム要素の合成として実現されることになる．

3.3. コンストラクションに基づく分析

　構文文法とは，構成要素や一般的な規則・パラメータでは説明できない，構文（コンストラクション）そのものの形式が意味を持つと考える理論モデルである (Fillmore (1985) など)．コンストラクションとは形式（抽象的なものも含まれる場合がある）と意味のペアリングであり，その意味で，文だけではなく，単純語，複雑語，そしてイディオムは，ともにコンストラクションとして捉えることができる (Goldberg (1995, 2006))．

（10）　Goldberg（2006: 73）における二重目的語構文

Form	Meaning	Construction Label
Subj V Obj Obj$_2$ e.g. *She faxed him a letter.*	X causes Y to receive Z	**Ditransitive**

　本稿は「ネガティブな再帰的状態変化の制約」と「再帰的位置変化不可の制約」を，構文の慣習化という観点から説明する．慣習化とは，繰り返しある条件下である言語形式が使用されることで，その条件と言語形式が結びつくことである．

　まず，原因型結果構文がネガティブな状態変化に限られるという制限だが，仮説として，もし原因型結果構文に埋め込まれる再帰的な状態変化を表すV1V2にネガティブな意味を表すものが多いのなら，この構文は主としてネガティブな状態変化を表す場合で使用され，その結果，ネガティブな状態変化が構文の意味として慣習化され定着した．それによって"吃飽"のように，たとえ再帰的な構造を持っていてもネガティブな状態変化でないと原因型結果構文に埋め込むことができないと考えられる．原因型結果構文は再帰的な複合動詞を埋め込むことで作られるのだが，どのような再帰的な複合動詞が埋め込まれるのかによって，原因型結果構文の意味が慣習化によって決まってくる．

　この仮説を実証するために，本稿は再帰的な状態変化を表すV1V2を調査した．具体的には，『漢語動詞-結果補語搭配詞典』に修正を加えた石村（2007）に挙げられている結果複合動詞を構成するV2（単音節形式の253語）を対象に，それらが作る再帰的なV1V2をAcademia Sinica Balanced Corpus of Modern Chinese（台湾の中央研究院が開発した現代中国語書き言葉均衡コーパスで，収録語数は11,245,330語である．以降Sinica Corpus）から収集した．こうして集めた再帰的なV1V2（全474語）を，それがコーパスで使われている例文から，変化を被る対象にとって，その変化がどのようなものなのかを基に，ポジティブ，ニュートラル，ネガティブ，という3種類に分類した．分類の基準としては再帰的な状態変化の事象の表現に"是好事"（[cop good. thing]　～はいいことだ）をつけることができる場合をポジティブ，"是壊事"（[cop bad.thing]　～は悪いことだ）をつけることができる場合をネガティブ，両方とも可能な場合または両方ともできない場合をニュートラルに分類するという言語評価テストを行った．例えば，"凍死"（freeze-die）は"被寒流給凍死了"（寒波によって凍え死んだ）という用例がSinica Corpusにあるが，（11）のように，言語評価テストではネガティブとして分類される．

(11) a. ?被　寒流　　　給　　凍死了　　　　是　好事.
　　　　PASS cold.wave cause freeze-die-ASP COP good.thing
　　　　（Lit. 寒波によって凍え死んだのはいいことだ.）

　　 b. 被　寒流　　　給　　凍死了　　　　是　壊事
　　　　PASS cold.wave cause freeze-die-ASP COP bad.thing
　　　　（寒波によって凍え死んだのは悪いことだ.）

このようにして分類した結果が表 3 である.

表 3.　再帰的な状態変化を表す V1V2 の評価に基づく分類 [2]

	ポジティブ	ニュートラル	ネガティブ
再帰的な状態変化を表す V1V2 のタイプ数	58	63	353
	例：吃飽（eat-be.full）	例：睡醒（sleep-wake.up）	例：驚醒（be.surprised-wake.up）

　表 3 から，カイ 2 乗検定を行った結果，この 3 つのタイプには違いがあることがわかった（$\chi^2(2) = 161.546, p < .0001$）. また，調整済み残差を用いて，残差分析を行った結果，ネガティブなタイプの調整済み残差は 12.705 であったため，再帰的な状態変化を表す V1V2 はネガティブな状態変化が有意に多いことがわかる. したがって，原因型結果構文に見られるネガティブな状態変化に限定されるという制限は構文の慣習化によるものだと考えられる. 付け加えると，これらの評価はフレーム的知識に基づくものである. 例えば，"睡醒"がニュートラルな意味を表すのに対し，"驚醒"（be.surprised-wake.up）がネガティブな意味を表すのは動詞が指し示す動作だけでは説明できない. 悪夢で驚く場合もあれば，嬉しいサプライズで驚く場合もあるため，"驚"自体はニュートラルである. "驚醒"がネガティブな意味を持つのは，驚いて目が覚めた場合に嫌な気分になるという，関連事象の【結果】の情報によるものである.

　もう 1 つの可能性として考えられるのが，再帰的なものだけではなく，そもそも状態変化動詞は一般的にネガティブなものが多いのではないか，という

---

　[2] ポジティブとネガティブにカウントされるのは，ある V1V2 の全ての用例がポジティブまたはネガティブな状態変化を表す場合のみである. それ以外の場合はニュートラルに分類している. また，トークン数ではなくタイプ数を取り上げているのは，原因型結果構文に複合動詞を埋め込む際に，どのような選択肢があるのかが重要であるのに対し，トークン数はある複合動詞のあらゆる用法における使用頻度であり，原因型結果構文にその複合動詞が選ばれるかどうかとは必ずしも関係があるとは言えない.

ものである．この可能性を確かめるために，前述の石村（2007）に挙げられて
いる結果複合動詞を構成する V2（状態変化動詞）が単独で使われている用例
を Sinica Corpus で見てみた．その結果が表4であり，ニュートラルな意味
が有意に多いことがわかった（$\chi^2 (2) = 24.550$, $p < .0001$，ニュートラルタイ
プの調整済み残差 = 3.511）．

表4.　状態変化動詞の評価に基づく分類[3]

	ポジティブ	ニュートラル	ネガティブ
状態変化を表す	34	115	84
動詞のタイプ数	例：贏（win）	例：軟（get.soft）	例：死（die）

このように，状態変化動詞が単独で使われる場合にネガティブなものが多いと
いうわけではなく，あくまで再帰的な V1V2 にネガティブな状態変化が多い
のだということがわかる．例えば，"軟"（get soft）単体はニュートラルだが，
再帰的な複合動詞の V2 に埋め込まれると表5のようにネガティブな状態変化
を表す V1V2 を多く作り出す（ポジティブ：0，ニュートラル：1，ネガティ
ブ：6）．

表5.　Sinica Corpus における "V1- 軟" の評価と例文

V1V2	状態変化の評価	Sinica Corpus における例文
疲軟 (be.tired-get.soft)	ネガティブ	毛豬生産過剰，市場價格疲軟 （豚の過剰生産により，市場価格が振るわ ない．）
酸軟 (ache-get.soft)	ネガティブ	全身酸軟，沒有力. （全身が痛くて，力が入らない．）
發軟 (start-get.soft)	ネガティブ	大黃狗嚇得四條腿發軟 （あの大きな黄色の犬はびっくりして足の 力が抜けた．）
回軟 (return-get.soft)	ネガティブ	九日紛紛回軟走低. （九日は（株の銘柄が）次々と勢いが弱く なり，下がっていった．）

---

[3] タイプ数の合計が 233 しかないのは石村（2007）で収録されている V2 の中の 20 語が，
Sinica Corpus で用例がなかったためである．

癱軟 (be.paralyzed-get.soft)	ネガティブ	突見女兒整個人都癱軟倒臥在浴缸內不省人事 （娘が意識を失って浴槽の中でだらんと倒れているのを発見した.）
走軟 (become-get.soft)	ネガティブ	大盤一度走軟不振 （市場は一度勢いが弱くなり不振に陥った.）
變軟 (change-get.soft)	ニュートラル	放置室外的竹架曝曬，大約 3 日後柿青就會變軟. （屋外の竹棚に置いて干したら，大体 3 日後には渋柿が柔らかくなる.）

　次に，再帰的な位置変化が原因型結果構文として成立しないことについては，意志性の介入が関わっていると思われる．原因型結果構文における原因となる出来事は，結果となる出来事の発生と進行を完全に決定できるものでなければならないと考えられる（松本（1998）の「決定的使役の条件」を参照）．例えば，（12a）と（12b）の容認度の違いは NP1 が直接的な原因かどうかによるものである.

(12) a.　大饑荒　餓死了　　　　　許多貧苦的愛爾蘭人.
　　　　famine be.hungry-die-asp many-poor-gen-Irish
　　　　（大飢饉が多くの貧しいアイルランド人を餓死させた.）
　　　　（<https://wenku.baidu.com/view/78803adaa58da0116c1749aa.html> 2019/08/20 確認）

　　b.　?致病疫霉　　　餓死了　　　　　許多貧苦的愛爾蘭人.
　　　　Phytophthora be.hungry-die-asp many-poor-gen-Irish
　　　　（Lit. 疫病菌が多くの貧しいアイルランド人を餓死させた.）

（12a）の背景にあるアイルランドの大飢饉は，疫病菌によってジャガイモが枯死したことに起因するものである．因果関係的には「疫病菌 → ジャガイモ病 → 大飢饉 → 餓死」であるため，疫病菌は餓死の直接的な原因とは見なされにくい.

　そして，再帰的な位置変化の場合は落下などの移動を除き，大抵は自律移動によるものであり，移動主体の自由意志が介入するため，原因は完全に移動の結果を決定できるものではない．そのため，原因型結果構文は位置変化を表すものが現れにくく，それが慣習化によって，意味的な制限（位置変化は不可）

として定着した．結果，（3）のような意志性が介入しない場合でも成立しないと考えられる．この仮説を実証するために，同じように Sinica Corpus から移動を表す V2（“到”(arrive)，“過”(pass)，“回”(return)，“出”(exit)，“進”(enter)，“下”(go down)，“上”(go up)，“近”(approach)，“遠”(go away)，“動”(move)，“飛”(fly)，“走”(walk)，“跑”(run)）が作る再帰的な V1V2（全 269 語）を収集した．そして，その移動が自律移動かどうかによって分類した結果が表 6 である．

表 6．再帰的な移動表現を表す V1V2 の意志性に基づく分類

	自律移動	非自律移動
再帰的な移動を表す V1V2 のタイプ数	217	52
	例：游到（swim-get.to）	例：浮到（float-get.to）

表 6 のように，再帰的な移動を表す V1V2 は自律移動，すなわち意志的なものが有意に多い（$\chi^2(1) = 55.114, p < .0001$）．

　以上のように，原因型結果構文には従来見逃されてきた意味的な制約が存在しているが，構文の慣習化という観点から自然な説明を与えることができることを示した．

4．他の使役構文との比較

　再帰的な状態変化の使役を表す原因型結果構文には前述のような特殊な意味的制約が存在するが，このような制約は関連するほかの使役構文にも見られるのか，という疑問が生じる．本稿はこの制約が原因型結果構文固有のものであることを，使役マーカーである“使”及び“讓”が用いられる使役構文と比較することで示す．

　“使”，“讓”構文は有標の使役構文であるため，原因型結果構文とは違い，その形式は（9b）の他動詞構文と容易に区別できる．原因型結果構文の形式 [NP1 V1V2 NP2] では，仮に V1V2 に他動詞（例えば“打死”）を用いると，他動詞構文として解釈される．それとは異なり，“使”，“讓”構文においては，自動詞だけではなく，“這幅畫 {使／讓} 我想起我的故鄉”(this painting makes me recall my hometown) のように他動詞でも成立する．

　次に，“使”，“讓”構文のように，動詞のタイプに制限がない場合に，ネガティブな変化に限られるという意味的な制約が生じるのかを考察するために，

魯迅の『故郷』という短編小説に出てきた全250語の動詞を対象に，その評価に基づいて分類を行った．その結果，動詞に制限がない場合は，表7のように，ニュートラルなものが有意に多かった（$\chi^2(2) = 73.090$, $p < .0001$，ニュートラルタイプの調整済み残差 $= 8.505$）．これはそもそも変化を表さない動詞が多かったからである．

表7.　『故郷』における動詞の評価に基づく分類

	ポジティブ	ニュートラル	ネガティブ
動詞の タイプ数	31	178	41
	例：放鬆 (relax)	例：買 (buy)	例：渇 (be.thirsty)

　この結果は，動詞を制限しない"使"，"譲"構文が評価に関しては未指定であるという予想に繋がる（ニュートラルなものが有意に多いことは，構文の意味がニュートラルなものに限られるというわけではなく，そもそも未指定であることを示すものと思われる）．そして実際，"使"，"譲"構文は（13）のように，ポジティブな場合でもネガティブな場合でも成立する．

(13)　他 {使／譲}　　我 {開心／哭泣}.
　　　he cause/cause I be.happy/cry
　　　'He makes me {happy/cry}.'

　また，"使"，"譲"構文は原因型結果構文と違って生産性が高く，いわゆる生産的使役（Shibatani (1976)）であるため，決定的使役の条件の制限を受けない．そのため，"使"，"譲"構文は意志性が介入するかどうかにかかわらず，移動の使役事象を表すことができる（"他 {使／譲} 我 {摔倒／臥倒}"(he made me fall down/grovel)）．

5.　結論

　以上のように，本稿はフレーム・コンストラクション的アプローチを用いることで，複合動詞が再帰的な構造であるかどうかを判断できるようになること，そして，強い使用傾向が意味的な制約として定着するのは，構文の慣習化という一般的なメカニズムで説明することができ，アドホックな規則を設ける必要性を回避できることを示した．"使"，"譲"構文のような生産性が高く，制限が少ない構文には，特殊な意味が生じにくいが，原因型結果構文のような

使用環境が特殊な構文の場合は，特異な制約が生じやすいのである．

理論的な貢献として，本稿はフレーム・コンストラクション的アプローチの実践例として，両者が相互に補完し合う，切り離すことのできない理論であることを示した．同時に，言語が実際の言語使用によって形作られた複雑適応系（complex adaptive system）であるという Beckner et al.（2009）の主張を支持するものである．

参考文献

Academia Sinica Balanced Corpus of Modern Chinese（http://lingcorpus.iis.sinica.edu. tw/modern/）.

秋山淳（1998）「語彙概念構造と動補複合動詞」『中国語学』第 245 号，32-41.

Beckner, Clay, Richard Blythe, Joan Bybee, Morten H. Christiansen, William Croft, Nick C. Ellis, John Holland, Jinyun Ke, Diane Larsen-Freeman and Tom Schoenemann（2009）"Language is a Complex Adaptive System: Position Paper," *Language Learning* 59, 1-26.

陳奕廷・松本曜（2018）『日本語語彙的複合動詞の意味と体系──コンストラクション形態論とフレーム意味論』ひつじ書房，東京.

Croft, William（1991）*Syntactic Categories and Grammatical Relations*, University of Chicago Press, Chicago.

Dowty, David（1991）"Thematic Proto-Roles and Argument Selection," *Language* 67, 547-619.

Fillmore, Charles J.（1982）"Frame Semantics," *Linguistics in the Morning Calm*, ed. by Linguistics Society of Korea, 111-137, Hanshin, Seoul.

Fillmore, Charles J.（1985）"Syntactic Intrusions and the Notion of Grammatical Construction," *BLS* 11, 73-86.

Goldberg, Adele E.（1995）*Constructions: A Construction Grammar Approach to Argument Structure*, University of Chicago Press, Chicago.

Goldberg, Adele E.（2006）*Constructions at Work: The Nature of Generalization in Language*, Oxford University Press, Oxford.

Her, One-Soon（2007）"Argument-Function Mismatches in Mandarin Resultatives: A Lexical Mapping Account," *Lingua* 117, 221-246.

Huang, C.-T. James.（2006）"Resultatives and Unaccusatives: A Parametric View,"『中国語学』第 253 号，1-43.

石村広（2007）「『漢語動詞-結果補語搭配詞典』補遺──結果補語になる述語について」『成城文藝』第 198 号，50-71.

石村広（2011）『中国語結果構文の研究──動詞連続構造の観点から』白帝社，東京.

Lee, Leslie and Farrell Ackerman (2011) "Mandarin Resultative Compounds: A Family of Lexical Constructions," *Proceedings of the LFG11 Conference*, ed. by Miriam Butt and Tracy Holloway King, 320-338, CSLI Publications, Stanford.

Li, Yafei (1995) "The Thematic Hierarchy and Causativity," *Natural Language & Linguistic Theory* 13, 255-282.

松本曜 (1998)「日本語の語彙的複合動詞における動詞の組み合わせ」『言語研究』第 114号, 37-83.

沈力 (2013)「結果複合動詞に関する日中対照研究——CAUSE 顕在型と CAUSE 潜在型 を中心に」『複合動詞研究の最先端——謎の解明に向けて』, 影山太郎 (編), 375-411, ひつじ書房, 東京.

Shibatani, Masayoshi (1976) "The Grammar of Causative Constructions: A Conspectus," *Syntax and Semantics*, Vol. 6, ed. by Masayoshi Shibatani, 1-39, Academic Press, New York.

Sybesma, Rint (1999) *The Mandarin VP*, Kluwer, Dordrecht.

Traugott, Elizabeth C. and Graeme Trousdale (2014) *Constructionalization and Constructional Changes*, Oxford University Press, Oxford.

邱林燕 (2017)「中国語結果構文の統語論的研究」北海道大学博士論文.

于一楽 (2015)「中国語結果複合動詞の意味構造と項の具現化」『語彙意味論の新たな可 能性を探って』, 由本陽子・小野尚之 (編), 102-129, 開拓社, 東京.

Encyclopedic Knowledge in Denominal Verbs in English: A Case Study of Body-Part Verbs*

Hirotaka Nakajima

Mie University

1. Introduction

This paper reports the result of a case study of English denominal verbs created from body-part nouns through noun-to-verb conversion (hence body-part verbs) based on a corpus study. Examples of body-part verbs to be dealt with here are presented in (1).

(1) a. Hannah turned and caught her grandmother <u>eyeing</u> her speculatively. 'look at'

    b. He slapped the dust from his jeans and <u>shouldered</u> his heavy pack. 'put something on one's shoulder'

    c. I could see his facial expressions. He was <u>mouthing</u> words and waving at us.

      'say' (COCA)

While body-part verbs are observed in studies such as Marchand (1969), Adams (1973), and Clark and Clark (1979), part of whose aims are to present overall observations of denominal verbs, those verbs are less studied, especially in light of encyclopedic knowledge. Body-part verbs are interesting in this respect because they are often the most basic tool for humans with which to interact with other entities (e.g. extremities like an arm). However, many of them are not specialized in specific uses, but are used in diverse ways, sometimes in ad-hoc ways. Moreover, some of them are not involved

---

* This paper is a thoroughly revised version of the paper presented at ICLC14. I am deeply grateful to Martin Lemmens, Suzanne Kemmer, and Yo Matsumoto for their valuable comments. I also thank Nathan Hamlitsch for stylistic improvements.

with tool-like uses. Therefore, we can expect that body-part verbs involve various events, showing interesting semantic patterns.

2.　Previous Studies

It has come to be recognized in the study of denominal verbs that encyclopedic knowledge (world knowledge, or general knowledge) plays important roles in denominal verbs. One of the most important studies in this respect is Clark and Clark (1979). Although they propose a pragmatic principle for the understanding of denominal verbs, they argue that denominal verbs are understood against certain world knowledge or encyclopedic knowledge about the referents of the parent nouns (i.e. nouns to be converted to verbs). They try to capture relevant world knowledge by positing what they call predominant features, salient elements of knowledge concerning the noun referents. Specifically, they posit eight predominant features, as shown in Table 1. "x" and "y" refer to entities while "e" refers to the referent of a parent noun.

Table 1. The Categories of Parent Nouns and Predominant Features

Category	Examples	Predominant features
Placeables	*blanket, spice*	$Loc(e, x)$
Places	*kennel, bench*	$Loc(x, e)$
Time intervals	*summer, weekend*	$During(x, e)$
Agents	*butcher, usher*	$Do(x, e)$
Receivers	*witness, boycott*	$Happen\text{-}to(x, e)$
Results	*group, powder*	$Become(x, e)$
Antecedents	*piece* together	$Become(e, x)$
Instruments	*handcuff, autoclave*	$With(Do(x, y), e)$

(Quoted from Clark and Clark (1979: 792))

However, Clark and Clark's analysis is ambiguous in what knowledge counts as predominant features. On the one hand, they seem to try to capture encyclopedic knowledge attributed to the noun referents. This is what they propose literally. For example, the predominant feature concerning instruments can be the first case (an instrument and its use, e.g. *hammer*). On the other hand, however, their predominant features also seem to include knowledge based on the roles the noun referents play in certain events. For example, the salient feature concerning result (i.e. GOAL in their terminology) would belong to the knowledge based on the role of a noun referent as a result state in a state change event, rather than a certain property of the referent itself (e.g. *powder*).

Depending on the theoretical assumptions regarding knowledge, the subsequent studies can be classified in two groups: the group pursuing knowledge about noun referents and the one focusing the roles of nouns in events. Studies employing the framework of Generative Lexicon (Pustejovsky (1995)) are classified as the first group. This includes Baeskow (2006), Joh (2009), Yumoto and Kageyama (2011), Fabrizio (2013), among others. According to this approach, the meaning of a denominal verb is derived from either of the four aspects of knowledge stored in what is called the Qualia Structure: the AGENTIVE role (how a referent object is made), the FORMAL role (how the referent is different from other things), the TELIC role (how the referent is typically used), and the CONSTITUTIVE role (of what parts the referent consists). Demonstrating this analysis with the example *bottle*, the meaning of the verb comes from its TELIC role: "store something in a bottle" (Baeskow (2006)).

The second group includes metonymic approaches taken in cognitive linguistics, such as Kövecses and Radden (1998), Radden and Kövesces (1999), Dirven (1999), Shönefeld (2005), Martsa (2013), among others. These studies analyze the semantic patterns in denominal verbs as motivated by metonymy from the roles played by the parent nouns to the events described. For example, Radden and Kövecses (1999) claim that Clark and Clark's proposal (given in Table 1) can be reanalyzed as corresponding metonymies.

This metonymic approach seems successful in capturing the relationship between the roles played by the referent nouns and the events to be described by denominal verbs. However, the issue remains concerning what encyclopedic knowledge is utilized for the understanding of a meaning of a denominal verb. In Conceptual Metonymy Theory (Kövecses and Radden (1998), Radden and Kövecses (1999)), metonymy is argued to hold within a certain conceptual domain (i.e. a conceptual encapsulation of encyclopedic knowledge obtained through daily experience) or an Idealized Cognitive Model in their terminology.

　Previous metonymy-based studies of denominal verbs posit quite general schematic knowledge concerning event patterns. For example, Radden and Kövesces (1999: 37) proposes the Action ICM, which "involve a variety of Participants which may be related to the predicate expressing the action or to each other. There are, thus, specific relationships such as those between an INSTRUMENT and the ACTION, the RESULT of an action and the AC-TION, etc., all of which are parts of the Action ICM." Also, Dirven (1999) proposes the event schemas, as shown in (2).[1,2]

(2) a. the action schema:
　　　　"an agent acts upon a patient, often using an instrument and in-volving a certain way or manner of doing this"
　　 b. the location or motion schema:
　　　　"the agent may perform an action aiming at a localized effect"
　　 c. the essive schema or the schema for 'beingness':
　　　　"the status of class membership or an attribute is assigned to an entity"

(Dirven (1999: 280))

It is obvious from their characterization that the posited constructs are fairly abstract, which is quite contrary to the constructs in the Generative Lexicon in specificity. However, although they do not study conversion, some studies on metonymy argue for utilizing the notion of a frame instead of an ICM (e.g. Fauconnier (1994, 1997), Barcelona (2002, 2003, 2011)) (I will come back to this point in Section 5). Given these studies, the issue of how to characterize encyclopedic knowledge in metonymy should be addressed.

　To sum up the issues, two issues have been raised:

　(i)　whether encyclopedic knowledge involving denominal verbs are at-

---

[1] Interestingly, Dirven (1988) employs the notion of a domain. While this would be closer to my position, it is not taken in his subsequent study (i.e. Dirven (1999)).
[2] Dirven and Verspoor (2004: 78) define an event schema as one that "combines a type of action or state with its most salient participants, which may have different 'roles' in the action or state."

tributable to knowledge concerning the referents of the parent nouns or knowledge concerning certain events and the roles noun referents play in those events

(ii) whether encyclopedic knowledge involving denominal verbs should be characterized as specific or general

The present study presents a case study of body-part verbs to address these issues.

3. Procedure and Method

This study examines 56 body-part terms collected from McArthur (1980). The body-part terms searched in the corpus are listed in (3).

(3) Adam's apple, adenoids, ankle, arm, armpit, bicep, breast, bridge of the nose, buttocks, calf, cheek, chest, chin, crook of the arm, crown, ear, elbow, eyebrow, fist, flank, forearm, forehead, genitals, groin, gum, hair, head, heel, hip, kneecap, jaw, joint, leg, lip, thigh, trunk, mouth, nape, navel, neck, nipple, nose, nostrils, palate, shins, shoulder, stomach, teeth, temple, throat, tongue, upper arm, uvula, waist, wrist (56 words)

I used the Corpus of Contemporary American English (Davies (2008-), download version, 1990–2012). I searched for the body-part terms only in the forms of *V-ed* and *V-ing* to keep the data a manageable size. After manually removing unrelated cases collected due to typographical errors, 8,618 examples of 33 words were obtained. They are shown in (4).

(4) ankle, arm, breast, calf, cheek, chest, chin, crown, ear, elbow, fist, flank, gum, hair, heel, kneecap, neck, nipple, nose, head, hip, jaw, joint, leg, lip, mouth, shins, shoulder, stomach, temple, tongue, trunk, wrist (33 words)

4. Results

As a result of this corpus-based study, a number of semantic patterns are observed in body-part verbs. Depending on how a body-part participates in the described event, they can be classified into several groups. The examples in the rest of this chapter are taken from COCA unless otherwise specified.

4.1.　Body-Parts as Instruments

The first group contains verbs whose referent body-parts play the role of intermediate objects of some kind that help the agent take an action. This includes caused motion, self-motion, perception, and hitting.

4.1.1.　Caused Motion with a Body-Part as an Intermediary

The verbs to be dealt with here involve a caused motion, more specifically 'pushing something aside/away with X,' where an agent pushes another entity to somewhere off/aside with a body-part X. In this pattern, a body-part is used as a means. 14 body-part terms in (5) are observed in this use. Examples in this meaning are given in (6).

(5)　ankle, chin, elbow, gum, heel, hip, jaw, leg, lip, nose, shin, shoulder, tongue, wrist

(6) a.　He ankled it aside impatiently.

　　b.　Maude elbowed Edie aside.

　　c.　After "hipping" the door closed, I hurry to the …

As is apparent in (6), this semantic pattern is typically described by nouns referring to extremities. Since extremities are like instruments with which for a human to interact with another entity, it is natural that those body-part terms are used as verbs describing physical manipulations.

4.1.2.　Self-Propelled Motion with a Body-Part as an Instrument

The next pattern also concerns motion. What is different from the first pattern is that the described event involves a self-propelled motion, where a body-part is used as a means to move with. Therefore, the semantic pattern can be characterized as 'go along a path by using X.' My corpus-survey observed four body-part terms in this pattern. They are shown in (7). Examples of this pattern are shown in (8).

(7)　elbow, leg, shin, shoulder

(8) a. Before long everyone is <u>elbowing</u> into the spotlight.

   b. Then she swung out of the window, <u>shinning</u> down the drainpipe.

   c. A tall wiry man with an unkempt beard <u>shouldered</u> his way into the room and took up a belligerent stance.

4.1.3. Using a Body-Part with Inherent Functions

The third pattern involves the inherent actions tied with certain body-parts. Depending on the actual events, this pattern can be sub-divided into sub-patterns. The first sub-pattern involves the act of perception. Verbs of this pattern are converted from nouns referring to perception organs. While the actual events understood (i.e. hearing, seeing, etc.) differ depending on the verbs, the common semantic pattern can be formulated as 'perceive with/ through X.' It was observed that this pattern is realized by 9 body-part terms listed in (9). Some examples of these verbs are shown in (10).

 (9)   cheek, ear, fist, jaw, lip, mouth, nose, stomach, tongue

(10) a. We <u>eyed</u> each other's dish, …

   b. The papoose, <u>mouthing</u> a hunk of meat, gazes over her …

   c. He found himself thinking about Houston, like a person who'd lost a tooth and who couldn't stop <u>tonguing</u> the cavity.

As the second pattern, verbs of body-parts related to a mouth describe the event of speaking. This is exemplified below.

(11) a. I woke to the sound of their <u>jawing</u> as they debated my officer.

   b. But mostly his lips worked, <u>mouthing</u> his words silently.

   c. School children are always up to something, <u>cheeking</u> me, smoking …

While these three sub-patterns are different in the events described, these patterns are subsumed under the same super-pattern, i.e., performing the inherent function of body-parts because these body-parts are needed to speak.

4.1.4. Giving Impact with a Body-Part

The verbs presented in this section concern the event of giving impact with a body part. The meaning of this pattern is characterized as 'hit/kick with X.' In this hitting pattern, body-parts are understood as a means of giving impact. The terms in (12) are observed in this sense. Examples are given in (13).

(12) elbow, fist, heel

(13) a. He heeled the mule hard in the side.

     b. The guy on the table being fisted by two men at once, two men wearing black leather face masks with tippers ...

     c. I ended up with elbowing her in the cheek.

The verbs of hitting above is another case where body-parts are used as instruments. The body-part verbs in this group are used as instruments in hitting. This pattern is distinguished from the pattern in Section 4.1.2 because they are followed by different verbs, as in (7) and (12).

4.2. Results in which a Body-Part is Relevant

The next verbs to be dealt with below are classified as result verbs. Below we will look at them one by one. Also, it is noteworthy that many of the verbs involve metaphor.

4.2.1. Shapes of a Body-Part as a Result

The first pattern includes *nose, shoulder, neck, hair, tongue, lip*. The pattern is exemplified in the sentences in (14).

(14) a. The front was tonguing into the sticky summer air overhead.

     b. The shelf shouldered high up.

     c. Four icebergs are nosing out of the mist now.

This semantic pattern is characterized as '(come to) have a configuration similar to X.' In this pattern, denominal verbs are found to involve a change of state event where an entity results in a certain shape similar to a particular shape of a body-part. What is interesting here is that the example in (14b) is a case of fictive change, where the described situation is understood and described as if it were a change of state event. In this construal, a certain result state, a result shape in this case, is signified with a body-part similar to that shape.[3]

---

[3] Although the following example was observed, it was excluded since nose seems to re-

There is one interesting example, *fist*, where the body-part term itself refers to a certain state of a hand. This is, of course, a case of a result verb.

(15) She <u>fisted</u> her hand …

4.2.2. Placing Something on a Body-Part

The second pattern involves the event of placing. In this pattern, a body part is the place on which something is placed. The common semantic pattern is characterized as 'place something on X.' The terms observed in this pattern includes terms in (16). Examples of this patterns are given in (17).

(16) breast, jaw, lip, mouth, neck, shoulder, stomach, temple, tongue
(17) a. His father <u>breasted</u> the table, moving his head to one way …
     b. I dressed, <u>shouldered</u> a daypack, and wandered outside.
     c. "… not the bagless vacuum cleaner," he says, <u>templing</u> his fingers thoughtfully.

Since the body-parts specified in this pattern specify the result locations of an entity, they can be understood as a result-related pattern.

Interestingly, there is one idiosyncratic case where a verb of this pattern is used as an intransitive, meaning 'somebody moves to X.' This case is observed only with *chest*.

(18) After his wives, too loyal and numerous, having heard his pistol, powdered their noses and freshened their Liz-Cleopatra eyeliner, all of us knowing our last show was about to end, and after the day's forlorn clump of exiting tourists spent a few last wadded dollars on postcards and plastic shark-tooth key chains, Buck would come <u>chesting</u> in, he would give us all a cobra smile with real white teeth and, including me, including me, say, "Qu pasa, girls?"

Apparently, this case comes from our knowledge of the situation where a person dives into another person's chest.

---

fer to an animal's body-part. I thank Martin Lemmens and Suzanne Kemmer for their comments on this point.
     a. Revealing a flock of bulky cargo ships nosing their way to the Gulf of Mexico …

4.3. Shapes of Paths

In addition to the denominal verbs discussed above, we observed a number of cases where each body-part verb describes an idiosyncratic event. Here I will look at motion verbs. These verbs describe the path of a motion that forms a particular shape similar to a body-part. This pattern is therefore characterized as 'move in a path whose shape is similar to X.' This pattern is exemplified in (19).

(19) a. The river <u>necked</u> down and flow fast.
     b. His par putt <u>lipped</u> out.
     c. He chipped a long eagle attempt and <u>lipped</u> the cup ...

4.4. Giving Impact on a Body-Part

There are a small number of body-part verbs with the meaning 'hit someone on X.' In my corpus survey, *kneecap* and *crown* are found in this use. Their examples are given in (20).

(20) a. He'd start <u>kneecapping</u> the runners or realize that the way ...
     b. On Eighth Strit the "Charity-niks" insulted him and a polis man honored him and <u>crowned</u> his head with a nightstick.

What is interesting in this case is that other body-part terms such as *shoulder* are not observed in this use. Also, the two terms found in this use refer to weak points of a body.

There are some more idiosyncratic verbs observed. The following examples are interesting in that they have peculiar meanings, and which are almost word-specific. My corpus survey observed terms in (21) in this pattern.

(21)   arm, breast, chin, crown, head, jaw, leg
(22) a. But would perfume gymnastics, <u>chinning</u> herself on the top brace or ...
     b. Ina run out of the room with the quilt wrapping her while I snatched my trousers up and <u>legged</u> in. [sic]

5. Discussion

Let us first consider the aspects of encyclopedic knowledge involving body-part verbs. Based on the observation made in Section 4, they can be characterized as knowledge concerning: physical manipulation of an object with a body-part, self-motion with a body-part, performing an inherent function of a body-part, the physical shape of a body-part, and body-parts related to weak points of a body. This indicates that body-part verbs are tied with a limited range of encyclopedic knowledge, and are not randomly involved with any knowledge in noun-to-verb conversion.

With this in mind, let us address the two issues one by one below. They are repeated in (i) and (ii).

(i)   whether encyclopedic knowledge involving denominal verbs are attributable to knowledge concerning the referents of the parent nouns or knowledge concerning certain events and the roles noun referents play in those events

(ii) whether encyclopedic knowledge involving denominal verbs should be characterized as specific or general

Concerning issue (i), a careful observation reveals that, in certain cases, the described events are unlikely attributed to the knowledge of the referents of the parent nouns. For example, while the act of perception described by verbs such as *eye* 'watch,' is understood as the function of noun referents, the manipulation using body-parts are not attributed to the knowledge of body-parts (e.g. *shoulder* 'put something on one's shoulder,' or *ankle* 'move something using one's ankle'). Rather, such knowledge is better characterized as one concerning physical manipulation using a body-part. This means that body-part verbs involve experience-based understanding of body-parts, in other words, situation-dependent knowledge.

Let us examine body-part verbs in more detail. It seems that a large number of body-part verbs are involved with using body-parts as instruments. These are natural consequences of what we do with our body-parts. These three patterns reflect fundamental actions people take with their bodies. Motion is the most basic action humans do with their bodies, and it is indispensable for human beings for their survival. The caused motion pattern is one of the basic actions where people act on other objects. Specifically, this pattern can be understood as reflecting the physical manipulation of an object, as this is the most simple and palpable course of action for humans to interact with the surrounding environment. Moreover, perception (e.g. seeing, hearing) is an inherent function of a human body. The capability of speaking is understood as comparable to perception for humans. Since the knowledge concerning these are salient and evoked strongly with those body-parts, it is easily utilized in the meanings of body-part verbs.

What is interesting is that the body-parts-as-instrument pattern is relatively widely followed, even though the roles of the body-parts in the events described are not their typical uses. Consider *ankle*, *elbow*, and *hip* 'push something with X' in (6) or *heel*, *fist*, and *elbow* 'hit something with X' in (13). It seems the uses as instruments in pushing and hitting are not the canonical uses of those body-parts. Rather, the uses of those body-parts reflect the knowledge concerning how in our daily life body-parts are used, including occasional uses of such body-parts. That is, their meanings are broader than their inherent functions.

As for the body-part-as-result cases, this result pattern is similarly followed by a number of body-part verbs. In these verbs, the connection between the relevant body-parts and the meaning described by body-part verbs are different from the one between body-parts and the meanings described by body-part verbs in the first type. To put it simply, there is no connection between the body-parts and the change event. That is, that a body-part has a particular shape does not lead to the consequence that a verb made from a noun referring to that body-part describes the event of forming a shape similar to that body-part.

The above discussion suggests that the formation and understanding of denominal verbs are based on the knowledge of events in which relevant body-parts play certain kinds of roles. Therefore, knowledge utilized for these denominal verbs is not limited to certain aspects of knowledge concerning the referents as claimed in the Generative Lexicon approach. In this respect, a metonymic approach seems more appropriate.

As for the second issue, previous metonymy-based studies are too broad in the characterization of relevant encyclopedic knowledge. To briefly repeat the relevant discussion, this study observed that body-part verbs were based on a limited number of encyclopedic knowledge concerning those body parts. Specifically, they include knowledge concerning self-propelled motion, caused motion involving other entities with body-parts especially physical manipulation of an object with a body-part, hitting weak points of body-parts, changes into the characteristic shapes of particular body-parts. Considering this, most of the body-part verbs are somehow based on knowledge of our most basic daily actions or deeds. Although body-part verbs are observed that refer to other events besides these, as presented in (22), they are significantly limited. Moreover, for example, it is not unnatural to expect verb uses of *finger* 'send certain things with fingers' or 'count the number of entities using fingers,' if a body-part verb were created based on random knowledge. However, such cases are not found in the corpus. Further, it was found body-part verbs do not freely appear in all of the patterns observed. There are certain constraints as to which semantic patterns apply to a given body-part verb. In the case of the motion pattern, nouns referring to body-parts other than torso, typically extremities, are converted to verbs, and in the case of attacking, only the nouns whose referent body-parts are weak points of a body are converted to verbs. This suggests that narrower theoretical constructs will be needed in order to account for such specific knowledge, rather than abstract constructs like ICMs or event schemas.[4] In this sense, the idea proposed by Fauconnier (1994, 1997) and Barcelona (2002, 2003, 2011) would be more appropriate if metonymy held within a frame, because it would allow us to account for relevant knowledge as frames.

6. Conclusion

In this paper, I reported a result of a case study of English denominal verbs made from body-part nouns based on COCA. I addressed the two issues: (i) whether encyclopedic knowledge involving denominal verbs are attributable to knowledge concerning the referents of the parent nouns or

---

[4] One possible alternative analysis might be to posit sub-metonymies to account for specific semantic patterns. Actually, Martsa (2013) posits sub-metonymies that correspond to specific semantic patterns. While this course of approach might be worth pursuing, an account for relevant encyclopedic knowledge should be included regardless.

knowledge concerning certain events and the roles noun referents play in those events; and (ii) whether encyclopedic knowledge involving denominal verbs should be characterized as specific or general. It was suggested that body-part verbs were based on the knowledge of events in which relevant body-parts play certain kinds of roles.

Due to space limitations, I could not present an account for the observed denominal verbs. Based on the observation made in the present study, a refined analysis of body-part verbs will be needed.[5]

References

Adams, Valerie (1973) *An Introduction to Modern English Word Formation*, Longman, London.

Baeskow, Heike (2006) "Reflections on Noun-to-Verb Conversion," *Zeitschrift für Sprachwissenschaft* 25(2), 205-237.

Barcelona, Antonio (2002) "Clarifying and Applying the Notions of Metaphor and Metonymy within Cognitive Linguistics: An Update," *Metaphor and Metonymy in Comparison and Contrast*, ed. by René Dirven and Ralf Pörings, 207-277, Mouton de Gruyter, Berlin.

Barcelona, Antonio (2003) "Metonymy in Cognitive Linguistics," *Motivation in Language: Studies in Honor of Günter Radden*, ed. by Hubert Cuyckens, Thomas Berg, René Dirven and Klaus-Uwe Panther, 223-256, John Benjamins, Amsterdam.

Barcelona, Antonio (2011) "Reviewing the Properties and Prototype Structure of Metonymy," *Defining Metonymy in Cognitive Linguistics: Towards a Consensus View*, ed. by A. Barcelona, 7-58, John Benjamins, Amsterdam.

Clark, Eve V. and Herbert H. Clark (1979) "When Nouns Surface as Verbs," *Language* 55, 767-811.

Dirven, René (1988) "A Cognitive Approach to Conversion," *Understanding the Lexicon: Meaning, Sense and World Knowledge in Lexical Semantics*, ed. by Werner Hüllen and Rainer Schulze, 329-343, Walter de Gruyter, Berlin.

Dirven René (1999) "Conversion as a Conceptual Metonymy of Event Schemata," *Metonymy in Language and Thought*, ed. by Klaus-Uwe Panther and Günter Radden, 275-289, John Benjamins, Amsterdam.

Dirven, René and Marjolijn Verspoor, eds. (2004) *Cognitive Exploration of Language*

---

[5] A further account for body-part verbs is given in Nakajima (to appear).

and Linguistics, 2nd ed., John Benjamins, Amsterdam.

Fabrizio, Claudia (2013) "The Meaning of a Noun Converted into a Verb: A Semantic Exploration on Italian," *Rivista di Linguistica* 25, 175–219.

Fauconnier, Gill (1994) *Mental Spaces: Aspects of Meaning Constructions in Natural Language,* Cambridge University Press, Cambridge.

Fauconnier, Gill (1997) *Mappings in Thought and Language,* Cambridge University Press, Cambridge.

Jun, Jong Sup (2009) "Enriched Composition in Denominal Location/Locatum Verbs in English," *Language and Linguistics* 44, 161–186.

Kövecses, Zoltán and Günter Radden (1998) "Metonymy: Developing a Cognitive View," *Cognitive Linguistics* 9(1), 37–77.

Marchand, Hans (1969) *The Categories and Types of Present-Day English Word Formation*, 2nd ed., C. H. Beck, Munich.

Martsa, Sándor (2013) *Conversion in English: A Cognitive Semantic Approach*, Cambridge Scholars Publishing, Cambridge.

Nakajima, Hirotaka (to appear) *A Cognitive Linguistic Study of Noun-to-Verb Conversion in English: An Integrated Approach of Frame Semantics and Conceptual Metonymy Theory*, Doctoral dissertation, Kobe University.

Pustejovsky, James (1995) *The Generative Lexicon*, MIT Press, Cambridge, MA.

Radden, Günter and Zoltán Kövecses (1999) "Toward a Theory of Metonymy," *Metonymy in Language and Thought*, ed. by Klaus-Uwe Panther and Günter Radden, 17–59, John Benjamins, Amsterdam.

Schönefeld, Doris (2005) "Zero-Derivation—Functional Change—Metonymy," *Approaches to Conversion/Zero-derivation*, ed. by Laurie Bauer and Salvador Valera, 131–159, Waxmann, Münster.

Yumoto, Yoko and Taro Kageyama (2012) "Meishi ga Dōshi ni Kawaru Toki (When Nouns Change into Verbs)," *Nichiei Taishō Meishi no Imi to Kōbun* (Contrastive Studies of Japanese and English on the Semantics of Nouns and Constructions), ed. by Taro Kageyama, Taishukan, Tokyo.

Corpus and Dictionary

Davies, Mark (2008-) *The Corpus of Contemporary American English (COCA): 520 Million Words, 1990-present*, Available online at http://corpus.byu.edu/coca/.

McArthur, Tom (1980) *Longman Lexicon of Contemporary English*, Harlow, Longman.

PART

III

メタファー・メトニミー

When do Japanese Speakers Move Forward?*

Kohei Suzuki

Kansai University of Nursing and Health Sciences

1. Introduction

1.1. Duality in Spatiotemporal Metaphors

This paper will discuss when the Moving Ego metaphor is used in Japanese based upon observations made from two perspectives: evaluation values and aspects of events.

Spatiotemporal metaphors have attracted investigators' attention since the pioneering work of Clark (1973). Among them, the Moving Time metaphor and the Moving Ego metaphor have been viewed as "minimally differing variants of one another. [...] they are figure-ground reversals of one another" (Lakoff and Johnson (1999: 149)). The following are examples of these dual metaphors.

(1) Christmas is {fast approaching/coming up on us}.

(2) We're {getting close to Christmas/coming up on Christmas}.

Example (1) is an instance of the Moving Time metaphor, where the event *Christmas* is described as moving past the experiencer of time from front to back while the experiencer remains stationary. In contrast, (2), an example of the Moving Ego metaphor, views *Christmas* as a location in a landscape, and the experiencer of time as moving forward toward Christmas.

Several scholars have carried out quantitative studies on the dual metaphors, and have shown that individual languages have preferences between them. Gentner et al. (2002) and Huang and Hsieh (2007) conducted psychological experiments whose results indicated that "Chinese native speakers [...] process Chinese ego-moving metaphors better [than time-moving ones], for they are the natural expressions which accord to people's cognitive process" (p. 180).

On the other hand, Yamanashi (2004, 2012) suggested that the Moving Ego metaphor is a marked expression in Japanese, based on the following examples.

(3) a. Kurisumasu-ga dandan   <u>chikazuite-kita</u>
       Christmas-Nom gradually approach-came
       'Christmas gradually approached us.'
    b. ?Kurisumasu-ni dandan   <u>chikazuite-itta</u>
       Christmas-to   gradually approach-go
       (intended) 'We gradually approached Christmas.'

Yamanashi maintained that whereas the example of the Moving Time metaphor (3a) is acceptable, its counterpart, the example of the Moving Ego metaphor (3b), sounds unnatural. Further, Yamanashi argued, expressions that describe the movement of the object of cognition are normally more natural than expressions describing the movement of the agent of cognition in Japanese.

While admitting the markedness of the Moving Ego metaphor, Ogami (2015) pointed out that Moving Ego metaphor is in fairly common use, as many actual examples of it can be found on the web. He presented examples of the Moving Ego metaphor showing that it is acceptable when the example describes the state of the agent. However, he considered neither the parameters of the dual metaphors nor the frequency of each. Thus, his arguments need to be verified through a quantitative study.

Suzuki (2016) carried out quantitative research comparing Moving Ego and Moving Time expressions in corpus data.

Table 1. Token Frequencies of Motion Verbs in the Dual Metaphors
(Suzuki (2016))

	Moving Time	Moving Ego	Others	Sum
Path (direction)	247	7	2	256
Path (Ground)	405	60	495	960
Manner	186	8	8	202
Sum	838	75	505	1418

Suzuki reported that his data included 75 Moving Ego expressions and 838 Moving Time expressions. Instances of the Moving Time metaphor were more frequent with all verb types. Thus, Moving Time metaphors are thriving in Japanese to a greater degree than Moving Ego metaphors.

Although it helped fill in the gap in study of the dual metaphors, Suzuki's research has a shortcoming: the study retrieved co-occurrences of Japanese motion verbs with only three temporal expressions, *kako* 'past,' *mirai* 'future,' and *jikan* 'time.' This means the study did not take into consideration common event terms such as *kurisumasu* 'Christmas' and *shinnen* 'New Year,' on which events we tend to have special feelings. This study will clarify how such feelings affect the choice of the dual metaphors.

1.2. Evaluation Values

Kusumi (1992) measured the effect of evaluation values using the semantic differential scale method. His study suggested that the more similar the evaluation of a metaphorical expression and that of its theme, the better we will figure out the meaning of the metaphorical expression. Further, he proposed two types of metaphors: metaphors where the metaphorical expression and its theme are intrinsically similar, such as *sazanami* 'riffle' and *hohoemi* 'smile,' on which we tend to have good and wispy feeling and metaphors where the expressions and its theme are not intrinsically similar, and the resemblance is created through the process of comprehension, like in *shikō* 'mind' and *numa* 'pond.'

Nabeshima (2011) considered that resemblance in evaluation motivates metaphorical expressions.[1] He suggested a "*shikamo*-test" ("in addition-test") to measure resemblance under evaluation.

(4) Bijin(+)-de   shikamo   {kōkyūtori(+)/??hikikomori(−)}
     beauty(+)-and in.addition {well.paid(+)/??socially.withdrawn(−)}

---

[1] Akita (2012) argues that the evaluation value is not an unchallenged assumption as to the motivation of the metaphor, as few metaphorical expressions are found which are motivated only by the evaluation and we need to examine the order of precedence among motivations of a metaphorical expression (Akita (2012: 217–218)). This study does not discuss this issue. Our point is that the evaluation may affect our choice of metaphorical expressions.

'She is beautiful(+), in addition, she is {well paid(+)/??socially withdrawn(−)}.'

(5) Otaku(−)-de shikamo   {hikikomori(−)/??kōkyūtori(+)
geek(−)-and in.addition {socially.withdrawn(−)/??well.paid(+)}
'(He/She) is a geek(−), and in addition, (he/she) is {socially withdrawn(−)/??well paid(+)}.'

(6) Gengo-gakusha(0)-de shikamo   {kōkyūtori(+)/hikikomori(−)}
language-sholar(0)-and   in.addition {well.paid(+)/socially.withdrawn(−)}
'(He/She) is a linguist(0), and in addition, (he/she) is {well paid (+)/socially withdrawn(−)}.'

In each example, " + " after nouns or adjectives shows that the target expression has a positive evaluation and " − " shows negative evaluation, while "0" means neutral.   Nabeshima explained that, in (4), *kōkyutori* 'well-paid' is acceptable whereas *hikikomori* 'socially withdrawn' sounds awkward, as the evaluation of the former is congruent with the evaluation of *bijin* 'beauty' while the latter conflicts with it.   Example (5) shows the opposite; *an otaku* 'geek' in the former clause has a negative evaluation, and thus *hikikomori* 'socially withdrawn', which has a negative evaluation, is acceptable while a positive evaluation, *kōkyutori* 'well paid,' is unacceptable.   On the other hand, a neutral word, *gengo-gakusha* 'linguist' in (6), can co-occur with both positive and negative words.

1.3. Aspects of Spatiotemporal Metaphor

This study will classify metaphorical data on the basis of the aspects of the spatiotemporal metaphor.   Moore (2016) suggested four such aspects.

(7) The couple have a psychological commitment to each other where they feel they can count on the person being around in the years *ahead.* [9 July 1999]

(8) We *are approaching* the end of summer.

(9) We *have arrived* at the end of summer.

(10) We *have passed* the deadline.   (Moore (2016: 218-219))

Each example represents four aspects of the temporal metaphor.   Moore (2016) named (7)-(10) "A Future Time," "A Future Time becoming more imminent," "The occurrence of a Time," and "A Past Time," respectively. This study only applies the latter 3 aspects to classify our corpus data; it does not employ "A Future Time," as this aspect shows the anteroposterior relation by using prepositions or temporal adverbs, while this study focuses on motion verbs.

2. Methods

This quantitative study applied the Balanced Corpus of Contemporary Written Japanese (BCCWJ). The concordancer used was Chunagon, which is a standard concordancer for retrieving BCCWJ data. First, this study retrieved co-occurrences (within 10 words) of Japanese motion verbs and temporal-event nouns which show positive, or negative evaluation. The following are the temporal-event nouns this study examined.

> Positive nouns: *tanjōbi* 'birthday,' *kurisumasu* 'Christmas,' *kinenbi* 'memorial day'
> Negative nouns: *kentaiki* 'period of ennui,' *teitaiki* 'stagnant period,' *shiki* 'terminal period,' *shikenbi* 'examination date,' *shikenkikan* 'examination period,' *tesutokikan* 'test period'

To add to the strength of our data, we also retrieve co-occurrences of nouns with certain adjectives which have particular evaluations: *akarui* 'bright,' *kurai* 'dark,' *tanoshii* 'delightful,' and *taikutsuna* 'boring.' The set co-occurrence distance between a noun and an adjective is within 1 word.

(11) Tanjōbi-ga   kite-shimai-mashita. Ichinen-de ichiban
      birthday-Nom come-end.up-Polite one.year-in most
      iyana   hi
      unpleasant day
      'My birthday has come. The worst day of the year.'

Even if a word has particular evaluation, a writer can describe it as opposite. In (11), a positive event, *tanjōbi* 'birthday,' is described as a negative one.

Retrieved data were manually classified on the basis of three points: the evaluation of the event, whether the spatiotemporal metaphor is a Moving Time or Moving Ego metaphor, and the aspect of the spatiotemporal metaphor.

3. Results

3.1. Token Frequency of Moving Time Metaphor

This section reports the token frequency of Moving Time metaphors in terms of aspects of spatiotemporal metaphors.

Table 2. Token Frequency of Moving Time Metaphor Co-occurring with Positive or Negative Event

	Positive Events		Negative Events
Aspect	Moving Time	Aspect	Moving Time
Becoming Imminent	*ugoku* 'move' (1), *haru-no ashioto* 'footstep of spring' (1), *nigeru* 'escape' (2), *meguru* 'move around' (3), (*yatte*)*kuru* 'come' (46), *chikazuku* 'approach' (13), *semaru* 'close on' (2), *tōrai-suru* 'come to' (1) Total 69	Becoming Imminent	*kyorai-suru* 'come and go' (1), (*yatte*)*kuru* 'come' (5), *chikazuku* 'approach' (14), *semaru* 'close on' (19), *seppaku-suru* 'close on' (4) Total 43
Occurrence		Occurrence	
Past Time	*sugiru* (*sugisaru*) 'pass' (18) Total 18	Past Time	*sugiru* 'pass' (1), *saru* 'leave' (1) Total 2

The left side of Table 2 shows the token frequency of Moving Time metaphors co-occurring with positive events and the right with negative events. As the table shows, Moving Time metaphors were more frequent (87 tokens) for positive events than for negative events (45 tokens). Most instances of Moving Time metaphors were obtained from "A Future Time becoming more imminent" or "A Past Time."

It is noteworthy that we found 18 instances of *sugiru* 'pass' in "A Past Time" for positive events but only one example of the same word for a negative event.

(12) Subarashii natsu-o   sugoshi-mashita. Aki-ya   soshite
      wonderful summer-Acc spend-Polite   autumn-and also
      kurisumasu-ga <u>sugi</u>-mashita
      Christmas-Nom pass-Polite.Pst
      'We spent a wonderful summer. Autumn and Christmas also passed
      by.'

Example (12) describes 'Christmas' as a positive event that goes by with
other wonderful days.

Next, in "A Future Time becoming more imminent," almost half the ex-
amples for positive events include (*yatte*)*kuru* 'come' (46 tokens), but its
rate drops sharply for negative events (5 tokens). However, *semaru* 'close
on' and *seppaku-suru* 'close in' are frequently used in negative events.

(13) Tanoshii o-shoogatsu   toiu mono-ga   <u>yattekita</u>
      pleasant Polite-new.year that thing-Nom came
      'A pleasant New Year came.'

(14) Dankoku-shugyoo-no naka-de, shiki   <u>semaru</u> kūkai-no
      fasting-sadhana-Gen   inside-at inevitable.time close.on Kukai-of
      dokugo-shita   bamen
      monology-did   scene
      'The scene where Kukai, who is facing his inevitable time, delivers
      a monologue in fasting sadhana.'

These are typical examples of positive and negative events respectively: a
positive event, *kurisumasu* 'Christmas,' co-occurs with (*yatte*)*kuru* 'come'
in (13), while a negative event, *shiki* 'inevitable time,' co-occurs with *sema-
ru* 'close on' in (14).

This paper explains these differences in distribution observed above in
terms of the properties of the literal word meaning, that is, motion in real
space. The words *semaru* 'close on' and *seppaku-suru* 'close in' foreground
not only the distance to the destination but also the psychological pressure.

(15) ?Mukō-kara   yūjin-ga   <u>sematte-kite-iru</u>
      over.there-from friend-Nom close.on-come-Prog.Nonpst
      (intended) 'My friend is slowly closing in (on us) from over there.'

(16) Taifū-ga   jojoni   nihon-ni <u>sematte-kite-iru</u>
       typhoon-Nom gradually Japan-to close.on-come-Prog.Nonpst
       'A typhoon is gradually closing in on Japan.'

(17) Ōkina same-ga   yukkurito <u>sematte-kite-iru</u>
       big   shark-Nom slowly   close.on-come-Prog.Nonpst
       'A big shark is slowly closing in (on us).'

(18) Mukō-kara   yūjin-ga   <u>chikazuite-kite-iru</u>
       over.there-from friend-Nom approach-come-Prog.Nonpst
       'My friend is approaching (me) from over there.'

These examples demonstrate our point. The word *semaru* 'close in' is less acceptable in the meaning conveying sheer motion in present-day Japanese in (15). On the other hand, (16) and (17) sound more natural. The difference is that (16) and (17) imply not only the subject's motion but also the psychological pressure it puts on the speaker. In contrast, *chikazuku* 'approach' does not imply such psychological pressure, as shown in (18). These points also apply to the distribution shown in Table 2; we do not usually feel any pressure when positive events approach us, whereas we do when negative events are coming up on us. In contrast, *chikazuku* 'approach' just describes the shortening of distance between two things, and thus co-occurs with both positive and negative events. See (19) for further support.

(19) Koibito-to naka-naori-dekinai-mama,
       lover-with terms-restoration-cannot-remaining,
       kurisumasu-ga <u>sematte</u>-kita
       Christmas-Nom close.in-came
       'Christmas has closed in on us, while I could not be reconciled with my lover.'

As the example describes, the speaker feels psychological pressure from approaching *kurisumasu* 'Christmas,' although it is in principle a positive event.

3.2. Token Frequency of Moving Ego Metaphor

This section presents the token frequency of the Moving Ego metaphor for each aspect of spatiotemporal metaphors. Then, it explains when the Moving Ego metaphor is used in Japanese.

Table 3. Token Frequency of Moving Ego Metaphors Co-occurring with
Positive or Negative Events

	Positive Events			Negative Events	
Aspect	Moving Time		Aspect	Moving Time	
Becoming Imminent	*muku* 'face to' (1), *ashi-o fumidasu* 'take a step' (1), *iku* 'go' (1), *mukau* 'be headed to' (2) Total 5		Becoming Imminent		
Occurrence			Occurrence	*ochiiru* 'faii into' (2), *sashikakaru* 'reach' (1), *butsukaru* 'crash' (1), *shichitenbatto* 'roll about in pain' (1) Total 5	
Past Time	*sugiru* 'pass' (6), *kiri-nukeru* 'break through' (1) Total 7		Past Time	*sugiru* 'pass' (1), *tori-nukeru* 'go through' (1), *norikoeru* (*norikiru*) 'over come' (3), *nuke-dasu* 'creep out of' (1) Total 6	

Suzuki (2016) argued that Moving Time metaphors was more frequent than Moving Ego metaphors in Japanese; reflecting this fact, the token frequency of Moving Ego metaphors is relatively small for both positive and negative events in Table 3. However, several points are worth mentioning.

First, few examples are obtained for the "A Future Time becoming more imminent" aspect in negative events, whereas "The Occurrence of a Time" is found only for negative events.

(20)　Watashi-no inochi-mo toshi-o　koshisōna kanji.
　　　　I-of　　　　life-also　　year-Acc　go.across　feeling.
　　　　Hyottoshitara, nigatsu　mikka-no tanjōbi-made　go-can-might
　　　　Perhaps　　　　February　third-of　birthday-until　ik-eru-kamoshirenu …

'I feel that I can live out [the time] until New Year. Perhaps I can live through until my birthday, February 3rd.'

(21) Kimochi-wa itsumo tanoshii mirai-ni <u>muite</u>-ite,
     mind-Top   always pleasant future-to face.to-Prog
     'My mind is always facing the pleasant future.'

These examples are instances of "A Future Time becoming more imminent." Suzuki (2016) suggested that Firm Intention is needed in Japanese Moving Ego metaphors. In (20) and (21), the target events are *tanjōbi* 'birthday' and *tanoshii mirai* 'pleasant future,' which have a positive evaluation. In contrast, negative events are sparsely used in the "A Future Time becoming more imminent." These examples converge with the fact that we do not move forward with Firm Intention toward negative events, but are reluctant to move toward them.

Several Moving Ego examples are found in "The Occurrence of a Time" describing negative events that do not seem to show Firm Intention. Note, however, that some verbs included in this category, for instance *ochi-iru* 'fall into,' are not self-propelled motion verbs. In addition, *ochi-iru* 'fall into' does not describe a horizontal movement. This paper regards such cases as exceptional.

Next, we can point out a discrepancy in verb distribution between positive and negative events in "A Past Time." While *sugiru* 'pass' is frequently used to describe positive events, *norikoeru* 'overcome' and *nukedasu* 'creep out' are recurrently used for negative events. Further, it seems that several examples contradict Suzuki's (2016) claim that using the Moving Ego metaphor requires the Firm Intention of the experiencer.

(22) Mōichido basu-ni notte kyōkai-ni itta-monodearu.
     once.more bus-to ride church-to went-used.to
     Shikashi, kodomo-ga tanjōbi-o   <u>sugita</u> natsu …
     but   child-Nom birthday-Acc passed summer
     'I visited the church by bus again. But [in] the summer when her child had passed his/her birthday …'

(23) Tanjōbi-mo   <u>sugite</u>-ita
     birthday-also pass-Pst
     '(Before I realized,) I also passed the birthday.'

The target events are positive ones in (22) and (23), and the experiencer of each sentence moves forward. The verb *sugiru* 'pass' implies that the experiencer passes the event unintentionally in these examples. It is especially noteworthy that the sentence subject passed his/her birthday unconsciously in (23); this implies that the subject passed several events and that his/her birthday is only one of them. As shown in Table 3, out of 7 examples which describe positive events under the "A Past Time" aspect, 6 include *sugiru* 'pass.'

On the other hand, Firm Intention is expressed more clearly when describing negative events.

(24) Senji-chū-no kurai yokuatsu-no jidai-o <u>nukedashita</u>-toki-ni
wartime-in-of dark oppression-of time-Acc crept.out-when-at
'When we crept out of the dark, oppressive wartime, ...'

(25) Shinkenni seikatsu-no kentaiki-ni   <u>butsukatte</u>
seriously life-of   stagnant.period-to crash
<u>norikoete</u>-itte-kudasai
overcome-go-Polite.Imp
'Please face the stagnant period of your life seriously and overcome it.'

Examples (24) and (25) illustrate the difficulty and laboriousness of leaving behind negative events. Note that contrary to *sugiru* 'pass,' it sounds unnatural with *nukedasu* 'creep out,' *butsukaru* 'crash into,' and *norikoeru* 'overcome' for the subject to creep out of the events unconsciously.

These points relate to the arguments for the Moving Time discussed in 3.1.

(26) Subarashii natsu-o   sugoshi-mashita. Aki-ya
wonderful summer-Acc spend-Polite   autumn-and
soshite kurisumasu-ga mata <u>sugi</u>-mashita (= (12))
Christmas-Nom   also pass-Polite
'We spent a wonderful summer. Autumn and Christmas also passed by.'

In example (26), a positive event, *kurisumasu* 'Christmas,' is depicted using *sugiru* 'pass.' On the other hand, few Moving-Time-examples were obtained for negative events in the "Past Time" aspect. This is because the Moving Time metaphor illustrates the passing of time without the expenditure of any sweat or energy by the experiencer, whereas Japanese speakers construe negative events as needing a lot of effort to get out of.

4. Conclusion

This study investigated the distribution of Moving Time and Moving Ego metaphors in Japanese. We found a distribution distinguished by different aspects of time and evaluation values of events. These results indicates the following two circumstances where Moving Ego metaphors are preferably used:

1. In "A Future Time becoming more imminent" and "The Occurrence of a Time," when the experiencer has a Firm Intention to approach a positive event.
2. In "Past Time," when the experiencer has a Firm Intention to escape a negative event.

This study has advantages over Suzuki (2016) and Ogami (2017), which did not take into consideration the aspects or evaluation value of temporal events. Further, this study contributed to metaphor theory in that it discussed how evaluation value of events affected choice of metaphorical expressions.

For further study, we need to refine the various aspects of the temporal event. Studying the effects of evaluation value on the selection of metaphorical expressions in other cognitive domains can deepen conceptual metaphor theory.

References

Akita, Kimi (2012) "Shohyō: Nabeshima Kōjiro cho 'Nihongo no Metafā' (Book Review: Nabeshima Kojiro "Metaphor in Japanese")," *Nihongo Bunpo* (Journal of Japanese Grammar) 12(2), 213–220.

Clark, Herbert (1973) "Space, Time, Semantics, and the Child," *Cognitive Development and the Acquisition of Language*, ed. by Timothy Moore, 27–63, Academic Press, New York.

Gentner, Dedre, Mutsumi Imai and Lera Boroditsky (2002) "As Time Goes By: Evidence for Two Systems in Processing Space → Time Metaphors," *Language and Cognitive Processes* 17(5), 537–565.

Huang, Hsin-mei May and Ching-yu Shelley Hsieh (2007) "Time-Moving Metaphors and Ego-Moving Metaphors: Which is Better Comprehended by Taiwanese?" *Proceedings of the 21st Pacific Asia Conference on Language, Information, and Computation*, 173–181.

Kusumi, Takashi (1992) "Hiyu no Seisei/Rikai to Imi Kōzō (Processing/Understanding of Rhetoric and Meaning Structure)," *Ninchi Kagaku no Furontia II* (Frontier of Cognitive Science II), ed. by Yuji Hakoda, 39–64, Saiensusha, Tokyo.

Lakoff, George and Mark Johnson (1980) *Metaphors We Live By*, University of Chicago Press, Chicago.

Lakoff, George and Mark Johnson (1999) *Philosophy in the Flesh: The Embodied Mind and Its Challenge to Western Thought*, Basic Books, New York.

Moore, Kevin (2016) "Elaborating Time in Space: The Structure and Function of Space-Motion Metaphors of Time," *Language and Cognition* 9, 191–253.

Nabeshima Kojiro (2011) *Nihongo no Metafā* (Metaphor in Japanese), Kurosio Publishers, Tokyo.

Ogami, Yuichiro (2015) "Nihongo ni okeru 'Soto no Shiten' Kiban no Gengo Hyōgen (Japanese TIME-METAPHORS Based on 'External Point of View')," *KLS* 35, 25–36.

Ogami, Yuichiro (2017) "'Chikazuitekuru Kurisumasu' to 'Yattekuru Kurisumasu': Jikan Metafā ni okeru "Sekkin" no Hyōgen to "Raihō" no Hyōgen ni tsuite ('Chikazuitekuru kurisumasu' and 'yattekuru kurisumasu': On the Expressions of "Approaching" and "Arrival" in Japanese)," *JCLA* 17, 245–257.

Shinohara, Kazuko (2007) "Jikan no Metafā ni okeru Zu to Ji no Mondai (The Figure-Ground Problem in Temporal Metaphor)," *Metafā Kenkyū no Saizensen* (The Front Line of Metaphor Research), ed. by Takashi Kusumi, 195–210, Hituzi Syobo, Tokyo.

Suzuki, Kohei (2016) "Duality in Temporal Metaphor: An Investigation of Japanese," *KLS* 36, 49–60.

Yamanashi, Masaaki (2004) *Kotoba no Ninchi Kūkan* (Cognitive Space of Language), Kaitakusha, Tokyo.

Yamanashi, Masaaki (2012) "Ninchi no Dainamizumu to Kōbungenshō: Ninchitekiimi no Hanten toshite no Kōbun (Dynamism in Cognition and Construction Phenomena: Construction as a Reflection of Cognitive Meaning)," *Hitsuji Imiron Kōza 2: Kōbun to Imi* (Lectures on Semantics 2: Construction and Meaning), ed. by Harumi Sawada, 1–29, Hituzi Syobo, Tokyo.

読字方向が時間概念の空間方向軸表象に与える影響*

篠原和子・松中義大

東京農工大学・東京工芸大学

1. はじめに

認知言語学の発足以来，認知意味論の中心に位置していた概念メタファー理論 (Lakoff (1987), Lakoff and Johnson (1980, 1999)) において，常にと言っても過言ではないほど頻繁に言及されてきたのが，空間をもとにした時間概念のメタファー構造である．西洋の哲学や科学の流れのなかで，空間および時間の実在，認識，構造などが特にこだわりをもって取り沙汰されるテーマであったこともその背景に見え隠れするが，時間と空間を人間がどう認識しているかは，今世紀の認知科学や言語学でも重要なテーマとして受け継がれている．言語学において，空間概念と時間概念の関係性を理論内に明示的に取りこんだのは，主として認知言語学の概念メタファー理論であったと言って間違いないと思われる．起点領域の概念と目標領域の概念のあいだの構造的な対応関係というかたちで，その関係性の理論化が試みられた．以来，伝統的な作例分析からコーパス分析，ジェスチャー分析，仮説検証型の実験研究まで，さまざまな方法で時空間概念に関する研究が行われてきた．なかでも心理実験を含む定量的な実証研究は，認知心理学者が概念メタファー研究に参入する形で多数の実績をあげた (Boroditsky (2000, 2001), Boroditsky et al. (2011), Boroditsky and Gaby (2010), Bottini and Casasanto (2010), Casasanto (2009, 2011), Casasanto and Boroditsky (2008), Casasanto and Bottini (2014a, b), Casasanto et al. (2010), Casasanto and Jasmin (2012), de la Fuente at al. (2014), Fedden and Boroditsky (2012), Fuhrman and Boroditsky

* 本稿は，2015 年にノーザンブリア大学で行われた第 13 回国際認知言語学会での口頭発表の内容をまとめたものである (Shinohara and Matsunaka (2015))．有益な質問・コメントをくださった方々にこの場を借りて感謝する．

(2010)，Fuhrman et al. (2011)，Gentner et al. (2002)，Lai and Boroditsky (2013)，Matlock et al. (2005)，Saj et al. (2014) ほか).[1]

　実験的な研究手法が導入されたことによる理論的な変革は，特に，時間と空間の対応関係というかたちで分析される概念メタファー構造がどこまで言語普遍的か，という問題に関わる．概念メタファー理論は，認知言語学が主張する言語の身体性というテーゼを積極的に支持するものと期待されていたため，メタファー的対応に身体経験からの動機づけを見出すことで，考察が言語普遍性へと偏る傾向があった．一方で，概念メタファーは言語だけの問題ではなく，より深層の概念レベルの対応関係であるとしつつも，研究においては言葉にあらわれるデータを中心に分析してきたため，言葉以外のモダリティーで見出される現象を取りこむのが遅く，存在しうる現象に気づきにくかった．しかし，ジェスチャー研究や心理実験などさまざまな手法が導入されたことで，作例分析からは見つけられなかった現象も指摘されるようになった．個別言語ごとの違い，さらには世代差や個人差，あるいはもっとラディカルに，アドホックな状況下での概念表象に至るまで，射程の幅が広がり，分析は精緻化してきている．

　この流れをふまえつつ，本稿では，時間概念の空間的表象のうち前後，左右，上下などの方向性についての実験的研究を紹介する．Casasanto and Bottini (2014a, b) が欧米言語の話者について行った研究を土台とし，読字方向が時間概念の空間方向軸表象に影響を与えるかどうかを，日本語話者を参加者とする実験によって確認する．

　以下，第 2 節で先行研究の概要を述べ，本研究の目的となる仮説を提示したのち，第 3 節で実験方法と結果をまとめ，第 4 節で結果からの含意を考察する．

2.　先行研究と本研究の課題

2.1.　TIME IS MOTION の基本構造：前後軸の優位性

　概念メタファーは複数の種類に分類されることがあるが，そのひとつが Orientational Metaphor である (Lakoff and Johnson (1980: 14-21))．「上

---

[1] Talmy (1996) の研究で知られる虚構移動 (fictive motion) または主観的な移動 (subjective motion) は，実際に空間移動が存在しないにもかかわらず移動表現を用いることから，広義の時空間メタファーに含めてよいかもしれない．国内では Matsumoto (1996a, b)，松本 (2004) などの研究がある．本稿では虚構移動は扱わない．

下」,「前後」,「左右」などの空間的方向性が起点となり,一貫した概念対応構造をもつ概念メタファーである. GOOD IS UP, BAD IS DOWN など,多くの言語に共通してみられる概念メタファーが知られている. そのなかでも特に頻繁に先行研究で取り上げられてきたのが,"TIME IS MOTION" で総称される,空間移動を起点とする時間メタファーである. Lakoff and Johnson (1999: 140) は,現在,未来,過去の直示的時間と,主体の視点からみた空間的方向の関係を,おおよそ (1) のようにまとめている.[2]

(1) a.　主体のいる位置＝現在
　　 b.　主体の前方の空間＝未来
　　 c.　主体の後ろの空間＝過去

　(1) は静的に捉えられる位置関係としての時間の空間化だが,それに加え,時間の経過は空間上の「移動」の概念をメタファー的に写像することにより構造化される,というのが TIME IS MOTION である. この概念メタファーについては,概念メタファー理論の初期にはいわゆる Moving Ego (時間を経路とみなして主体がそのなかを動く) と Moving Time (主体は静止していて時間が主体に向かって接近したり通り過ぎたりする) という 2 種類の下位メタファーがあると論じられたが (Lakoff and Johnson (1980: 43)), Moore (2000) が Moving Time を主体の視点を含む直示的な移動と,ある 2 つの時点のあとさき関係のみを表す非直示的あるいは直示性に中立的な移動の 2 種類に分ける必要がある,と主張して以来,TIME IS MOTION は少なくともこれら 3 種類の下位メタファーに分けられるのが通常となった. 以下,それぞれ Moving Ego, Ego-centered Moving Time, Sequential Time と称することにする (Moore (2000, 2006, 2014)).
　これら 3 種類の下位メタファーは,次のような概念的対応関係をもつ. まず Moving Ego は,(a) 認知主体の移動が時間の経過に対応する,(b) 認知主体のいる位置が「現在」に対応する,(c) 認知主体の前方移動が未来への時間経過に対応する,(d) 認知主体が通り過ぎて来た (すなわちすでに背後にある) 空間が過去の時間に対応する,という概念的対応関係をもつ (たとえば "We are approaching the deadline",「苦難の時期を通り抜けてここまで来た」など). Ego-centered Moving Time は,(a) 認知主体との相対的位置関係における事物の移動が時間経過に対応する,(b) 認知主体のいる位置にある事物が

---

[2] Aymara 語が例外であることはよく知られている (Núñez and Sweetser (2006)).

「現在」に対応する，(c) 認知主体の位置に向かって前方から移動してくる事物は未来（および未来の出来事）に対応する，(d) 認知主体の位置を通り過ぎて背後へと移動した事物は過去に対応する，という概念的対応関係をもつ（たとえば "Winter is here"，「もうすぐ夏が来る」，「過ぎ去った日々を振り返る」など）．Sequential Time については，空間移動と時間の対応関係において認知主体の視点は重要性をもたない（視点について中立的である）．主体の位置がどこであっても影響されないような時間と時間の順序関係がこの下位メタファーに相当する．(a) 時間上の2点を比べてより早い時間は，より遅い時間よりも「前」に位置するものとして概念化される，(b) 時間上の2点を比べてより遅い時間は，より早い時間よりも「後ろ」に位置するものとして概念化される，という概念的対応関係をもつ（たとえば "Conference dinner follows the plenary talk" など）．これらは，言葉にあらわれる時間メタファー表現の分析から帰納的に推論されたモデルである．

2.2.　時間の表象における他の空間軸と階層モデル

上で挙げた3種類の下位メタファーのいずれも，言語表現をみるかぎり，空間軸のうち前後軸がもっぱら用いられ，他の空間軸（上下，左右，南北，東西その他）は基本的には用いられないとされている．この「前後軸の優位性」が，TIME IS MOTION の顕著な特徴とされる．[3]

しかし，人間がもつ時間の空間的表象はこれに留まらないことが，これまでに明らかにされている．たとえば Casasanto and Jasmin (2012) は，会話中に時間の経過を表現する際，英語話者は手を左から右へ動かすジェスチャーをする傾向が強いことを明らかにした．[4]

また，アラビア語話者はこの逆で，時間の経過をあらわすのに右から左へとジェスチャーをする傾向が強いことが報告されている（Fuhrman and Boroditsky (2010)）．アラビア文字は右から左へ書かれることから，これは書記システムの影響であろうと推測される．

---

[3] ただし上下軸に基づく時間メタファーも日本語や中国語には見られる（Shinohara (2013, 2016), Yu (1998, 2012)）．

[4] 時間が左から右に経過してゆく，という認識の仕方を欧米言語の話者がしていることは，本稿の第1著者の個人的経験からも裏打ちされる．時間メタファーについて欧米の論文集に載せるため論文を書いた際に，過去，現在，未来を縦にならべた図を記載したところ，査読者から「英語圏では時間を図示するときは過去を左に置き，右方向が未来になるように描かないと理解されない可能性があるのでそのように描き直すように」と指摘された．

　これらの現象の発見をもとに，Casasanto らは，"Hierarchical Mental Metaphors Theory" という仮説を提唱している（Casasanto and Bottini (2014a), Casasanto and Jasmin (2012)）．概念メタファーには，人間に実現可能なすべての概念表象を含む最も多岐な可能性をもつレベルと，それぞれの言語文化圏での経験のインプットによってそのなかのどれかの可能性が選択され強化されたレベルとがあり，これらの間に階層性があるとするモデルである．

　たとえば 2.1 節で述べた時間メタファーの構造を例にとると，自己中心的視点では「未来が前，過去は後ろ」に位置づけられることがたしかに多いが，これは英語をはじめとする多くの言語のメタファーにあらわれる現象である．このような方向設定をもつ言語の話者であっても，心理実験を行って詳しく観察すると，過去に重きを置いて思考をしているときは「過去が前」にあると考える傾向がみられる（de la Fuente et al. (2014)）．また，時間の流れを空間的な方向として表象しようとする場合，上で触れたように，欧米言語の話者では前後軸だけでなく左右軸もジェスチャーや図示などの場面であらわれる．この場合，左のほうがより古い時間であり，右へ行くにつれて時間がたつ，という対応になる．右から左に文字が書かれるアラビア語圏ではこの逆である．つまり，人間の認知的可能性においては前後軸にも左右軸にも時間の経過を対応づけることができる，と考えなくてはならない．そうでなければジェスチャーにも図示にも，左右軸が時間をあらわすものとしてあらわれることは不可能になるはずだからである．言語は慣習性が強く，保守的であるため，言語にあらわれる時空間対応は，実際に可能な対応関係のごく一部に限られていく傾向があり，これが多くの言語において前後軸なのだと考えられる．

　時間と空間的方向性の対応関係に影響を与えるのは，言語的慣習と書記システムだけではない．書記システムでの方向性は言語文化圏でほぼ固定されているにも拘わらず，たとえば左から右に読み書きする書記システムを採用している言語の話者に対し，人為的に左右逆（右から左）に文字を読ませたり，垂直（上から下，下から上）に文字を読ませたりすることにより，個人の時間表象の空間的方向が変化しうることが，先行研究により示されている（Casasanto and Bottini (2014a, b)）．これは，多くの種類の方向軸で時間を表象しうる能力が人間の認知的可能性に含まれているものと考えれば，合理的に理解できる．この認知的可能性の広さに対し，各言語文化圏での経験（言葉にあらわれる慣習的なメタファーや書記システムを含む）によって，その一部が強化され，言語・文化的差異が生まれるのだろう．だが一定の条件が与えられれば，もともと持っていた可能性が再浮上し，時間の表象軸は前後にも，左右にも，また

上下にも変化しうるのである．つまり，アドホックな個人的経験によってあらわれる変化は，もとにあった広い認知的可能性のあらわれと解釈できる．ここに概念メタファーの階層性を見出したのが，Casasanto らの Hierarchical Mental Metaphors Theory であり，これが，時間にかかわる概念メタファー理論に対して現在認知心理学者が提示しているもっともラディカルな提案である．そしてこれは，実験を用いなくては肯定的にも否定的にも議論できない．

2.3.　本研究の課題

　以上のように，時間概念が左右軸をとって表象される現象は，書記システムにおける文化的差異のあらわれである側面と，個人が経験する身体的インプットによって変化しうる側面とがある．本研究では，Casasanto and Bottini (2014a) の実験研究から示唆を得，独自の方法によりこれを確認する．彼らはオランダ語の話者に，アルファベットからなる短いフレーズ（"a year before"，"a day after" などに相当するオランダ語表現）をさまざまな方向に表示して読ませ，基準時よりも早い時間か遅い時間かの判断をしてキーを押させ，反応時間を測定した．その結果，フレーズが表示された向きに合致する時間把握を伴う場合に反応速度が速まったことから，空間に基づく時間表象は文字を読む方向によって影響を受ける傾向にあることが示された．ここからわかるように，時間概念と空間概念の関係は，従来考えられてきたよりも柔軟なものである可能性が高い．

　本研究は，Casasanto and Bottini (2014a) が調べたのと同様の，読字方向による時間表象への影響を，非欧米言語である日本語の話者で確認することを目的とする．日本語の伝統的な書記システムは縦書きであり，文字は古くから，上から下へと書かれていた（複数の行は右から左へと移行する）．現在では理数系の教科書やインターネット環境など，横書きが主流となっている場面も多い．一方，小説や詩，戯曲などの文芸作品や，文学，哲学などの学術分野の書物，さらには一般的な新聞や雑誌などでも，依然として縦書きが主流である．日本語話者は，このように縦書きと横書き両方の書記システムに日常的に触れている．これは欧米言語と比較すると特殊な文化的状況である．ここから本研究の問いが浮上する．「上から下」と「左から右」の両方の書記システムを合わせ持つ日本語の話者は，時間順序列をどのように空間的に表象するのだろうか．オランダ語の話者と同様に，読字方向による影響が見られるだろうか．この問いの答えを探るため，本研究では日本語話者を参加者として読みの方向をコントロールした実験を行い，時間順序列の表象が影響を受けるかどうかを

検証する．仮説を（2）に示す．

> （2）　時間順序列の空間的表象は，直前に行った読解での方向軸（「上から
> 下」または「左から右」）により影響を受ける．

（2）から予測される観察可能な現象は，直前に縦書きの文章を読ませた場合は
時間順序列を縦に並べる傾向が増大し，直前に横書きの文章を読ませた場合は
時間順序列を左右に並べる傾向が増大するだろう，ということである．

　言語表現では，どちらの方向に文字を読んだとしても，その影響は受けな
い．横書きの文章を読んだからといって，「太郎は結婚式の二日左に風邪を引
いた」といった表現を産出したり容認したりするとは考えられない．一方，時
間順序列を空間的に配列するという非言語的課題では，言語表現とは異なる影
響の受け方が観察されるのではないかと予想する．そして，言語表現とは異な
る現象が観察されるとしても，それもまた概念メタファー理論が射程に入れて
いる「概念レベルの対応関係」のひとつと認められるはずである．

3.　実験

3.1.　方法
3.1.1.　実験マテリアル
　実験マテリアルとして，笑い話 8 話を A4 サイズの用紙に印刷した読解用紙
を作成した．そのうち一例を（3）に示す．

> （3）　ある男が犬を売った．
> 新しい飼い主：　「この犬は小さい子供が好きですか？」
> もとの飼い主：　「とても好きですよ．でも，ドッグフードの方が安
> 上がりですよ」

笑い話 8 話は，短いもので 3 行，長いもので 25 行であった．まったく同一の
内容および順序で，縦書きのものと横書きのもの 2 種類を用意した．また，
時間的経過を含意する 3 枚のイラスト（幼児，少年，成人男性）を用意し（図
1），このうち幼児および成人男性のイラストを 3 センチメートル×3 センチ
メートルの正方形の白いシール（裏が粘着性になっている）に印刷した．また
3 枚のうち時間順序で中位にある 1 枚（少年）のイラストを，21 センチメート
ル×21 センチメートルの正方形の白紙の中央に置いたものを印刷した．これ
が回答用紙となる．回答用紙には指示文「印刷されている画像をはさむように

早いほうから遅いほうへ2枚のシールを貼ってください」を，縦書きまたは横書きで書き込んだ（図2a, b）．この指示文の方向は後述する被験者のグループ（読解用紙の読字方向）と一致するようにした．回答はさまざまな可能性がある．左から右，右から左，上から下，下から上といった方向にシールを貼ることも可能だが，斜めに置くこともできる．典型的な回答（「上から下」および「左から右」）の例を図3に示す．

図1.　3枚のイラスト（左から，幼児・少年・成人男性）

(a)　　　　　　　　　　　　(b)

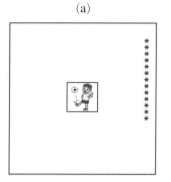 

図2.　回答用紙：(a) 縦書き条件，(b) 横書き条件

(a)　　　　　　　　　　　　(b)

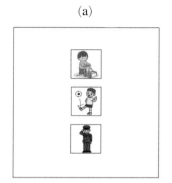 

図3.　回答の例：(a) 上から下，(b) 左から右

3.1.2.　実験参加者および実験手順

　東京都内の大学の学生 177 人（男性 90 人，女性 87 人，18 歳〜22 歳，い
ずれも日本語母語話者）が，書面による同意ののち実験に参加した．参加者は
縦書き条件グループ，横書き条件グループの 2 グループに分けられ，縦書き
条件グループには縦書きの笑い話，横書き条件グループには横書きの笑い話 8
話が書かれた A4 サイズの用紙がそれぞれ配布された．両グループとも，まず
2 分間各自のペースで笑い話を読み，面白いと思った話に○を付けた．読解用
紙が回収された後，回答用紙に 2 枚のシールを貼り付けるよう指示された．
シールを剥がすのに時間がかかった人がいたため時間は十分に取った．2 枚の
シールが貼られた後，回答用紙は回収された．

3.1.3.　分析方法

　独立変数は，プライミングとしてもちいた読解文章の読字方向 2 条件（縦書
き，横書き）である．従属変数は，参加者がイラストを回答用紙の平面内に並
べた方向（左から右，右から左，上から下，下から上）である．斜めに並べら
れたものは，最も角度が近い軸に相当するものとして処理した．45 度の角度
に並べた場合など，これらいずれの方向にも合致しないものが 9 件あった．
これらは分析から除外し，168 人のデータを分析に用いた．縦書き条件，横書
き条件の 2 条件についてこれら 4 方向の度数を集計し，カイ二乗検定を行っ
た．[5]

3.2.　結果

　データの集計表を表 1 に，また各グループ内での各回答の比率（%）のグラ
フを図 4 に示す．横書き条件では「左から右」の回答がグループの全回答の約
70% を占めていたのに対し，縦書き条件では「左から右」の回答は約 38% で
あり，およそ 2 倍の差があった．また横書き条件では上下の方向の回答は「上

---

　[5] 笑い話は，読解用紙を手にもって立てて読んでいた参加者が多かったが，何人かは机の上
に置いて水平にして読んだ．また回答用紙はすべての参加者が机の上に置いていたため，厳密
には物理的な上下にはならず，水平であった．これは，空間認知研究において地図の方向性
認知などで知られている「整列効果」（主体から見て前方向の遠い側と上方向，身体に近い
側と下方向が対応するよう認知される傾向）を加味することで，前後と上下が対応するものと
考えることが可能である（Levine（1982），Levine et al.（1982），Levinew et al.（1984），
Shepard and Hurwitz（1984），田村（2005），Tamura et al.（2005），Tamura et al.（2010））．
したがって，回答用紙の「上」とは机の遠い方，「下」とは参加者の身体に近い方，という解釈
のもと分析を行った．

から下」「下から上」を合わせても 9%であったのに対し，縦書き条件では上下方向の回答が計 32%となるなど，読字方向の影響がみられた．統計検定の結果，縦書き条件，横書き条件による差は有意であった（$\chi^2 (3) = 19.062$, $p < 0.01$）．

	横書き条件	縦書き条件
左→右	52	36
右→左	15	28
上→下	5	20
下→上	2	10
計	74	94

表 1.　度数表[6]

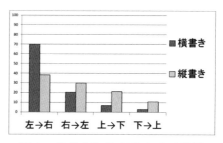

図 4.　条件内比率（%）による比較

4.　考察

4.1.　仮説の評価

　プライミングとして用いた文章の読字方向によって，その後に行なった時間的順序の課題への回答方向に有意な違いが生じた．これは，読む方向が時間の順序構造に関する空間的表象の方向性に影響を与えたことを示しており，(2)に示した仮説が支持されたと言える．

4.2.　先行研究との違い

　先行研究で行われた実験と本実験とでは，少なくとも 3 つの点で違いがある．本実験のもととなった Casasanto and Bottini (2014a) の実験では，母語の書記システムでの方向性が「左から右」の 1 種類しかないオランダ語の話者が参加者であった．そして普段経験していない不自然な方向に表示された語句を読むという，認知的負荷の大きな課題を行わせている．この方法では，課題そのものが際立ちを伴うため，実験の意図に対して参加者の注意や疑問が向きやすいと思われる．一方，本実験では，もともと縦書きと横書きの両方をもつ日本語の話者に，普段慣れ親しんでいる縦書き文章または横書き文章の読解をプライミングとして課すことで，不自然な読み方による特殊な注意を生じにく

---

[6] 条件ごとの度数合計が均等でないのは，授業内で実験を行ったため，クラスによって学生数に多少の偏りが生じたためである．合計が一致しないことは，統計処理上は問題ない．

くした．

　もう 1 点の違いとして，Casasanto and Bottini（2014a）が 3 単語程度の短い語句の読みによってプライミングを行なったのに対し，本実験では笑い話 8 話を 2 分間読ませて面白さを判断させた．本実験の方法は，楽しんで話を読むという自然な活動を採り入れており，実験の目的に注意が向きにくくなるよう配慮して設計した．

　3 点めの違いは，タスクの内容である．なにかの判断をしたうえで「できるだけ素早くキーを押す」というタスクは，心理学実験ではよく用いられ，統計処理の仕方，仮説の評価の仕方なども明確で，研究手法として有効であることがわかっているが，本研究では多くの大学生に気軽に参加してもらうため，台紙にイラストのシールを貼るという，楽しめるタスクで実験を行った．[7]

　本研究はこれらの点で先行研究と異なる方法を採ったが，そのうえで先行研究と同様に読字方向の影響が有意にみられたことから，先行研究の知見をより確実に補強できたものと考える．第 1 に，日本語のように複数の方向性をゆるす書記システムをもつ言語の話者でも，アドホックな読字方向が時間の空間表象に影響を与えうることが確認できた．第 2 に，参加者の慣れ親しんだ読字方向でプライミングを行った場合でも，時間の空間表象に影響を与えることが確認できた．

4.3.　理論への示唆

　本研究の結果をより大きなコンテクストに置くと，Casasanto and Bottini（2014a）の Hierarchical Mental Metaphors Theory を支持する結果を得たと言える．この仮説によれば，TIME IS MOTION のメタファーにおける概念対応構造は，言語文化圏によって差異がありうるほか，個人の身体経験によってもバリエーションが生じうるとされる（Casasanto（2009）はこれを "body-specificity hypothesis" と呼んでいる）．Casasanto and Bottini（2014a），Casasanto and Jasmin（2012）らは，メタファー的概念対応のなかに，人間であれば実現可能なすべての概念表象の可能性を含むレベルと，自分が帰属する言語文化圏での経験をインプットされることによってそのなかのどれかの可能性が選択され強化されたレベルがあり，これらの間に階層性があるとしてい

---

[7] 篠原・平田（2015）は本研究と同様の仮説について，事象の時間的順序の正誤判断をさせて反応時間を測定する方法で心理学的実験を行い，横書き文章読解のプライミングをしたとき縦に配置された時間順序列への判断速度が有意に遅くなる，という結果を得た．

る．認知意味論で議論されてきた概念メタファー理論では，このような人間の概念構造の流動性は明確に理論化されていなかったが，本研究を含む実験研究によって，これまで気づかれていなかった概念対応の側面が明らかになった．それによって理論そのものの再検討，さらなる修正の余地が開けたと考えられる．Casasanto and Bottini (2014b: 1) は次のように述べている．

"… spatial metaphors in language may reflect the way people conceptualize an abstract domain in some circumstances, but not in others. … spatial language may reflect the way an abstract domain is typically conceptualized by some people, but not by others. There is no single relationship between spatial language and abstract concepts. Discovering whether (and under what conditions) a linguistic metaphor corresponds to a mental metaphor can illuminate the ways in which our interactions with the physical and social environment shape our mental lives."

ここで言われているように，言語表現としてあらわれる概念メタファーと，より深く広範な認知にかかわるメンタル・メタファーは，必ずしも構造が一致しないことがある．認知言語学研究は，Lakoff が当初から主張してきた Cognitive Commitment の方針（Lakoff (1990)）どおり，言語のみに視野を限定することなく，他の認知機能もつねに射程にいれつつ研究を進めることで，より多くの知見を得ることができ，理論の健全な修正のサイクルを回せるものと考える．

参考文献

Boroditsky, Lera (2000) "Metaphoric Structuring: Understanding Time through Spatial Metaphors," *Cognition* 75, 1-28.

Boroditsky, Lera (2001) "Does Language Shape Thought?: Mandarin and English Speakers' Conceptions of Time," *Cognitive Psychology* 43, 1-22.

Boroditsky, Lera, Orly Fuhrman and Kelly McCormick (2011) "Do English and Mandarin Speakers Think about Time Differently?" *Cognition* 118, 123-129.

Boroditsky, Lera and Alice Gaby (2010) "Remembrances of Times East: Absolute Spatial Representations of Time in an Australian Aboriginal Community," *Psychological Science* 21(11), 1635-1639.

Bottini, Roberto and Daniel Casasanto (2010) "Implicit Spatial Length Modulates

Time Estimates, but Not Vice Versa," *Proceedings of the 32nd Annual Conference of the Cognitive Science Society*, ed. by Stellan Ohlsson and Richard Catrambone, 1348-1353.

Casasanto, Daniel (2009) "Embodiment of Abstract Concepts: Good and Bad in Right- and Left-Handers," *Journal of Experimental Psychology: General* 138(3), 351-367.

Casasanto, Daniel (2011) "Different Bodies, Different Minds: The Body Specificity of Language and Thought," *Current Directions in Psychological Science* 20(6), 378-383.

Casasanto, Daniel and Lera Boroditsky (2008) "Time in the Mind: Using Space to Think about Time," *Cognition* 106, 579-593.

Casasanto, Daniel and Roberto Bottini (2014a) "Mirror Reading Can Reverse the Flow of Time," *Journal of Experimental Psychology: General* 143(2), 473-479.

Casasanto, Daniel and Roberto Bottini (2014b) "Spatial Language and Abstract Concepts," *WIREs Cognitive Science* 5, 139-149.

Casasanto, Daniel, Olga Fotakopoulou and Lera Boroditsky (2010) "Space and Time in the Child's Mind: Evidence for a Cross-Dimensional Asymmetry," *Cognitive Science* 34, 387-405.

Casasanto, Daniel and Kyle Jasmin (2012) "The Hands of Time: Temporal Gestures in English Speakers," *Cognitive Linguistics* 23(4), 643-674.

de la Fuente, Juanma, Julio Santiago, Antonio Román, Cristina Dumitrache and Daniel Casasanto (2014) "When You Think about It, Your Past Is in Front of You: How Culture Shapes Spatial Conceptions of Time," *Psychological Science* 25(9), 1682-1690.

Fedden, Sebastian and Lera Boroditsky (2012) "Spatialization of Time in Mian," *Frontiers in Psychology* 3, Article 485, 1-9, doi: 10.3389/fpsyg.2012.00485.

Fuhrman, Orly and Lera Boroditsky (2010) "Cross-Cultural Differences in Mental Representations of Time: Evidence from an Implicit Nonlinguistic Task," *Cognitive Science* 34, 1430-1451.

Fuhrman, Orly, Kelly McCormick, Eva Chen, Heidi Jiang, Dingfang Shu, Shuaimei Mao and Lera Boroditsky (2011) "How Linguistic and Cultural Forces Shape Conceptions of Time: English and Mandarin Time in 3D," *Cognitive Science* 35, 1305-1328.

Gentner, Dedre, Mutsumi Imai and Lera Boroditsky (2002) "As Time Goes By: Evidence for Two Systems in Processing Space → Time Metaphors," *Language and Cognitive Processes* 17(5), 537-565.

Lai, Vicky T. and Lera Boroditsky (2013) "The Immediate and Chronic Influence of Spatio-Temporal Metaphors on the Mental Representations of Time in English, Mandarin, and Mandarin-English Speakers," *Frontiers in Psychology* 4, 142.

Lakoff, George (1987) *Women, Fire, and Dangerous Things: What Categories Reveal about the Mind,* University of Chicago Press, Chicago.

Lakoff, George (1990) "The Invariance Hypothesis: Is Abstract Reason Based on Image-Schemas?" *Cognitive Linguistics* 1(1), 39-74.

Lakoff, George and Mark Johnson (1980) *Metaphors We Live By*, University of Chicago Press, Chicago.

Lakoff, George and Mark Johnson (1999) *Philosophy in the Flesh: The Embodied Mind and Its Challenge to Western Thought*, Basic Books, New York.

Levine, Marvin (1982) "You-Are-Here Maps: Psychological Considerations," *Environment and Behavior* 14, 221-237.

Levine, Marvin, Irwin N. Jankovic and Michael Palij (1982) "Principles of Spatial Problem Solving," *Journal of Experiment Psychology: General* 111, 157-175.

Levinew, Marvin, Iris Marchon and Gerard Hanley (1984) "The Placement and Misplacement of You-Are-Here Maps," *Environment and Behavior* 16, 139-157.

Matlock, Teenie, Michael Ramscar and Lera Boroditsky (2005) "On the Experiential Link between Spatial and Temporal Language," *Cognitive Science* 29, 655-664.

Matsumoto, Yo (1996a) "How Abstract Is Subjective Motion?: A Comparison of Coverage Path Expressions and Access Path Expressions," *Conceptual Structure, Discourse, and Language*, ed. by Adele E. Goldberg, 359-373, CSLI Publications, Stanford, CA.

Matsumoto, Yo (1996b) "Subjective Motion and English and Japanese Verbs," *Cognitive Linguistics* 7(2), 124-156.

松本曜 (2004)「日本語の視覚表現における虚構移動」『日本語文法』第 4 巻 1 号, 111-128.

Moore, Kevin E. (2000) *Spatial Experience and Temporal Metaphors in Wolof: Conceptual Mapping and Linguistic Practice,* Doctoral dissertation, University of California, Berkeley.

Moore, Kevin E. (2006) "Space-to-Time Mappings and Temporal Concepts," *Cognitive Linguistics* 17(2), 199-244.

Moore, Kevin E. (2014) *The Spatial Language of Time*, John Benjamins, Amsterdam.

Núñez, Rafael. E. and Eve Sweetser (2006) "With the Future behind Them: Convergent Evidence from Aymara Language and Gesture in the Crosslinguistic Comparison of Spatial Construals of Time," *Cognitive Science* 30(3), 1-49.

Saj, Arnaud, Orly Fuhrman, Patrik Vuilleumier and Lera Boroditsky (2014) "Patients with Left Spatial Neglect Also Neglect the "Left Side" of Time," *Psychological Science* 25(1), 207-214.

Shepard, Roger N. and Shelley Hurwitz (1984) "Upward Direction, Mental Rotation, and Discrimination of Left and Right Turns in Maps," *Cognition* 18, 161-193.

Shinohara, Kazuko (2013) "UP/DOWN Time in Japanese and English," *Issues in*

Learning Theories and Pedagogical Practices, ed. by Vaishna Narang, 319-339, Orient Blackswan, New Delhi.

Shinohara, Kazuko (2016) "Variations in the TIME AS MOTION Metaphor: Universality and Cross-Cultural Differences," Plenary talk at The 2016 Meeting of the Discourse and Cognitive Linguistics Society, Hanyang University, Seoul, South Korea.

篠原和子・平田佐知子 (2015)「時間の空間的表象への書記システムの影響」『第 29 回日本人工知能学会大会論文集』2N4-OS-16a-1.

Shinohara, Kazuko and Yoshihiro Matsunaka (2015) "The Effect of Reading on Spatial Representation of Timeline," Presentation at the 13th International Cognitive Linguistics Conference, Northumbria University, UK.

Talmy, Leonard (1996) "Fictive Motion in Language and 'Ception'," *Language and Space,* ed. by Paul Bloom, Mary A. Peterson, Lynn Nadel and Merrill F. Garrett, 211-276, MIT Press, Cambridge, MA.

田村和弘 (2005)「より効果的な歩行者道案内システムの実現に向けて」『電子情報通信学会技術研究報告. HCS, ヒューマンコミュニケーション基礎』第 104 号 581 巻, 59-64.

Tamura, Kazuhiro, Bipin Indurkhya, Kazuko Shinohara and Cees van Leeuwen (2004) "Alignment Effect and the Role of Landmarks in Spatial Navigation," Presentation at The Depictive Space of Perception: A Conference on Visual Thought, Mitteleuropa Foundation, Bolzano, Italy.

Tamura, Kazuhiro, Bipin Indurkhya, Kazuko Shinohara, Barbara Tversky and Cees van Leeuwen (2010) "Minimizing Cognitive Load in Map-Based Navigation: The Role of Landmarks," *Advances in Cognitive Science, Volume 2.* ed. by Srinivasan Narayanan, Bhoomika R. Kar and Janak Pandey, 24-42, Sage Publications, Thousand Oaks, CA.

Yu, Ning (1998) *The Contemporary Theory of Metaphor: A Perspective from Chinese,* John Benjamins, Amsterdam.

Yu, Ning (2012) "The Metaphorical Orientation of Time in Chinese," *Journal of Pragmatics* 44(10), 1335-1354.

日本語比喩情報付与コーパスの作成と
新聞における比喩実態調査の試み*

加藤　祥

国立国語研究所

1. はじめに

　比喩表現の研究において，新聞から収集した用例を使用する例は数多く，近年は新聞コーパスを利用した研究も散見される．しかし，新聞を用いた日本語の比喩研究では，個別的な用例収集や特定パターンを用いた機械的収集の試みなどが行われているものの，均衡性を有した日本語新聞コーパスを用いた網羅的な調査は，管見の限り存在していない．そこで，『現代日本語書き言葉均衡コーパス』（以降 BCCWJ）の新聞サブコーパスに比喩情報の付与を行った．この結果，均衡性を有した日本語新聞コーパスに基づき，比喩種類や記事種類などの様々な観点から調査を行えるようになった．本稿は，比喩表現に対する情報付与方法を概説するとともに，データの統計情報に基づき，日本語新聞における比喩表現の実態傾向を報告する．

2. 関連研究

2.1. BNC コーパス新聞比喩の大規模調査

　新聞の比喩表現に関する大規模な調査として，Krennmayr（2011）がある．VU Amsterdam Metaphor Corpus[1] の 1 レジスタである新聞データについて，メタファーの同定手順と基礎データを示したものである．VU Amsterdam Metaphor Corpus は，BNC-Baby コーパスから抽出した 4 レジスタ約 19 万語について，Steen et al.（2010）が The Pragglejaz Group（2007）の比喩情

---

　* 本稿は，15th International Cognitive Linguistics Conference（2019 年）における発表内容を整理したものである．また，JSPS 科研費 JP18K00634, JP18K18519 の助成を受けている．

　[1] http://www.vismet.org/metcor/documentation/home.html

報付与手順である MIP（Metaphor Identification Procedure）を拡張した MIPVU によってメタファーの判定を行っている．すなわち，BNC コーパスに含まれる新聞の比喩表現に関し，品詞率，特徴語句がメタファーに関わっている率などをはじめ，記事種別情報（hard・science・soft）や他レジスタとの対照情報も提供されている．また，Semino et al.（2017）などが特定コーパスで示したメタファー類型（combining と mixing）や，MIP からの拡張として付与された MFlug（指標），概念マッピング情報（擬人化）などを用い，比喩の種別分類も試みられている．MIP を参照した手順による比喩表現判定と，VU Amsterdam Metaphor Corpus の付与情報に応じた調査を行うことで，日本語コーパスと BNC コーパスとの対照が可能になるといえる．

2.2.　日本語比喩の大規模調査

　現在までのところ，日本語の比喩表現に関しては，新聞はもとより，均衡性のあるデータに基づく実態的な調査が大規模に行われているとは言い難い．主に文学作品を用いた日本語比喩の収集は，中村（1995）の『比喩表現辞典』の 8,201 例をはじめ，レトリックに関する事典やデータベースなどに見られるが，均衡性を有した大規模な収集は行われていない．自然言語処理分野では，機械学習による分類も試みられているが，その訓練データとして，大規模に収集した比喩表現が求められている．また，比喩表現の同定手法として，選択選好（Willks et al.（2013）），具象度（Turney et al.（2011）），意味空間モデルの使用などが考案されているものの，実際の日本語比喩表現の調査にあたっては，「よう」をはじめとする一部の指標を手掛かり句とした収集が主流であろう．なお，MIP による日本語比喩表現の自動検出を目標とした宮澤他（2016）の試みでは，新聞記事に含まれる 1,100 文の動詞と目的語について 2 名の作業者により試行した際，VU Amsterdam Metaphor Corpus の結果よりも判定揺れが生じたと報告される．よって，日本語比喩表現の実態調査を目指すためには，判定基準を整備することはもちろん，複数の専門家による作業者の判定揺れの確認のみならず，一般的な読者に比喩と認識されるのかという判定なども必要と考えられる．

　大規模な日本語比喩の調査例としては，中村（1977）がある．同書は，文学作品から収集した用例に基づく，人手による日本語比喩表現の収集手順が整備された実態調査資料である．主に近現代の文学作品 50 編から比喩的な表現を含むと判定した 2 万の用例を抽出し，比喩表現を構成する要素の結合（慣用から意味的なずれのある場合）について 5,537 類型（B 型把握）を整理したほか，

何らかの言語形式として比喩の把握に影響していた 359 の比喩指標要素と
1,427 の指標比喩類型（A 型把握），場面や文脈との関わりにおいて比喩とな
る 2,434 の文脈比喩類型（C 型把握）を示している．今後，新聞や雑誌などを
含めた均衡性を有する資料による調査や，現代日本語との対照や検証の求めら
れるデータである．

3.　BCCWJ への比喩情報の付与

　日本語比喩表現の実態調査を行えば，英語メタファーなどとの対照をはじ
め，比喩に関する理論検証も可能になると考えられる．しかし，調査のために
は，まず，網羅的な比喩表現の収集が必要である．そこで，均衡性のある日本
語コーパスに対する比喩情報の付与に着手した．[2]

3.1.　対象範囲と付与情報

　本稿では，BCCWJ の新聞サブコーパスの一部（117,543 語）を対象にした
網羅的な比喩情報の付与を報告する．基本的には，MIP を用いて比喩性に関
わる短単位を抽出し，VU Amsterdam Metaphor Corpus を参照した比喩情報
の付与を行う．これらの対象範囲の全ての自立語には分類語彙表番号，[3] 助動
詞には用法が，人手で文脈上該当する意味において付与されており[4]（以降

---

[2] 日本語比喩表現の実態調査を目的とし，均衡性を有した新聞（以降 PN）・雑誌（PM）・書
籍（PB）の他情報との重ね合わせの便の高いアノテーション優先順の高いサンプル（347,094
語）を作業対象としている．
[3] 分類語彙表番号は，以下のように構成されている．
　　例：この（分類番号：3.1010）

類	部門	中項目	分類項目
相 (3)	関係 (.1)	真偽 (.10)	こそあど (.1010)

[4] たとえば「よう（語彙素：様）」は，分類語彙表番号として 3.1300（様相）と 3.1130（類
似）のいずれか，助動詞「ようだ」の用法として，類似・内容指示・例示・婉曲のいずれかが
付与される多義語である．以下の例では，「書くようになる」（3.1300, 助動詞用法：内容指
示）と「食い入るように見つめる」（3.1130, 助動詞用法：類似）それぞれの「よう」に別種の
意味情報が付与されている．指標となり得る要素の「類似」判定や，後述する字義通りかどう
かの判定など，本作業の一部における参照が有用であった．
　(i)　（前略）長時間のオペラを食い入るように見つめていた．帰国後，中学校の校長は
　　　「特別扱いはできないが，卒業証書は出す」と言った．不登校に加え，何度となくリ
　　　ストカットも繰り返す．カウンセリングにも通った．本格的に小説を書くようになっ
　　　たのもこのころだ．　　　　　　　　　　　　　　　　　　（サンプル ID：PN4g_00003）

BCCWJ-WLSP, 加藤他（2019a, b）），以降の 3.2 に記す比喩判定にも参照可能である．本稿で報告するデータは，以下の A から C までの情報付与作業が完了しており，複数作業者による確認作業を行っている[5]ところである．D についても順次進めている（2019 年現在）．

A）比喩を構成する要素の結合類型と分類語彙表番号

B）種別情報（擬人化・具象化などの概念マッピング，換喩，提喩など）

C）指標となった言語形式，その他比喩に関わると考えられる語句

D）比喩度（クラウドソーシングによる数十名規模の被験者実験による用例部判定結果として，0〜5 の 6 段階の平均値を示す）

（ア）（一般的に）比喩的と感じるか

（イ）新奇性の印象

（ウ）わかりやすさ

（エ）擬人化と感じる

（オ）具体化と感じる

　以下に，情報付与結果例を示す．下線部は比喩性に関わる語句としてマークされていることを示す．また，比喩性の判定された要素の結合には，類型化のために概念化した分類語彙表番号[6]を記述してある．

（1）当時，<u>作品に溶け込むような</u>目立たない効果音が名人芸とされ，先輩からは裏方に徹するよう指導されたという．しかし，「<u>それでは空気のような存在でしかない</u>．

　　　　　（サンプル ID：PN4c_00006，下線は著者による．以降同様．）

【付与情報（各該当部に付与，［　］内は分類語彙表番号）】

指標：「ようだ」「とする」「ようだ」「それでは」「でしかない」

結合：「作品［1.3200］｜ニ｜溶け込む［2.5060］」【具象化】

「音［1.5030］｜ガ｜溶け込む［2.5060］」【具象化】

「音［1.5030］｜ガ｜目立つ［2.3091］」【転換】

---

[5] 見落とされていた表現や作業者間の揺れの整理により，追加される情報や修正される情報があると予想されるため，本稿で報告する情報は今後増加する可能性がある．

[6] 特に固有名などについては，対照範囲が全体としてどのような概念であるのか判定が必要となる．たとえば，BCCWJ-WLSP で「名古屋タワープラザ」という場所の記述は，「名古屋（分類語彙表番号：1.2590）」「タワー（1.4410）」「プラザ（1.4700）」とそれぞれに意味が付与されているが，比喩性判定の根拠として類型化するにあたり「ホール（1.2660）」と認定する．

「音［1.5030］｜ガ｜技芸［1.3421］」【換喩】

「音［1.5030］の存在［1.1200］｜ガ｜空気［1.5120］」【転換】

「音［1.5030］｜ガ｜裏方［1.2410（人物）］」【擬人化】

「裏方［1.1730（方角）］｜ニ｜徹する［2.1524（通過）］」【具象化】

比喩度：（ア）3.66（イ）2.37（ウ）2.86（エ）1.66（オ）2.83

3.2. 比喩性の判断と作業

　テキストのどのような部分を比喩表現と判断するのか，という基本的な比喩性の判断は，MIP（Pragglejaz Group（2007））の手順によった．以下は，既存の日本語資料と先行研究を用いた本作業における対応である（以下の項目番号は対応する MIP の手順番号を示す）．また，例文（1）の作業画面を図 1 に示す．

1. 作業対象範囲に含まれる BCCWJ のサンプルテキストを読む．

2. BCCWJ の国語研短単位ごとに比喩表現関連性の判定作業を行う．（作業者は図 1 の「短単位書字形」列を縦に読むことで，短単位ごとに判定を行う．）

3. (a) 作業対象範囲とした BCCWJ-WLSP は，既に文脈的な意味情報が言語単位（助詞と記号を除く）に付与されている．（図 1 の「文脈的意味」列により，作業者は，文脈的な意味情報を参照可能である．）

   (b) 短単位の基本義に関する情報について，歴史的な順序や具体性，身体性などを『日本国語大辞典』[7]で確認する．特に動詞については宮島（1972）を用い，基本義としての主体や対象などの格フレーム情報を確認する．（図 1 の（1）では，「とける」の主体が「もの（物体・物質）」と検索可能であった．）また，『分類語彙表』の多義語における代表義について，山崎・柏野（2017）を参照するほか，BCCWJ-WLSPの最頻出語義なども適宜確認することができる．

   (c) 基本義と文脈を対照し，各短単位が比喩に関わるかを判定する．

4. 以上により，作業者は比喩に関わると認定した短単位をマークする．

---

[7] https://japanknowledge.com/lib/search/nikkoku/
比喩性があると作業者が感じた場合でも，古い語義でない場合や具体性がない語義が基本義的であると記載がある場合には，『日本国語大辞典』の記述に従うこととした．

このほかの作業用参照情報として，既に比喩表現と判断された表現類型を整理したデータを作成した.[8]

開始位置	短単位語彙素	品詞1	品詞2	文脈的意味	短単位書字形	種別	結合	結合 分類番号)		
3570	当時	名詞-普通名詞-副詞可	副詞	1.1670	当時					
3590		補助記号-読点								
3600	作品	名詞-普通名詞-一般		1.3200	作品			作品に溶け込む	1.3200	に	2.5160
3620	に	助詞-格助詞			に					
3630	溶け込む	動詞-一般		2.1532	溶け込む	具象	音が溶けこむ	1.5030	が	2.5160
3670	様	形状詞-助動詞語幹		3.1300	よう	指標 ようだ)				
3690	だ	助動詞			な					
3700	目立つ	動詞-一般		2.1584	目立た	転換	音が目立つ	1.5030	が	2.3091
3730	ない	助動詞			ない					
3750	効果	名詞-普通名詞-一般		1.1112	効果					
3770	音	名詞-普通名詞-一般		1.5030	音					
3780	が	助詞-格助詞			が					
3790	名人	名詞-普通名詞-一般		1.2340	名人					
3810	芸	名詞-普通名詞-一般		1.3421	芸		音が芸	1.5030	が	1.3421
3820	と	助詞-格助詞			と	指標 とする)				
3830	為る	動詞-非自立可能		2.3430	さ					
3840	れる	助動詞			れ					
3850	、	補助記号-読点			、					
3860	先輩	名詞-普通名詞-一般		1.2440	先輩					
3880	から	助詞-格助詞			から					
3900	は	助詞-係助詞			は					
3910	裏方	名詞-普通名詞-一般		1.2410	裏方	擬人	音が裏方	1.5030	が	1.2410
3930	に	助詞-格助詞			に					
3940	徹する	動詞-一般		2.1524	徹する	具象 慣用	裏方に徹する	1.1750	に	2.1524
3970	様	形状詞-助動詞語幹		3.1300	よう					
3990	指導	名詞-普通名詞-サ変可能		1.3640	指導					
4010	為る	動詞-非自立可能		2.3430	さ					
4020	れる	助動詞			れ					

図1．作業画面例：例文 (1) の一部（総類, 04_ 放送, サンプル ID：PN4c_00006）

3.3.　情報の付与

　日本語比喩コーパスの整備においても，該当部の抽出に留まらない情報付与を目指したい．また，ある表現に比喩性を読み取る際には，同時に比喩種別の判断が行われていると考える．そこで，比喩表現（と比喩性に関わる部分）の判定にあたって，どのような把握であったのかという判断（MIPVU の indirect・direct・implicit，概念マッピング，中村（1977）の A 型〜 C 型把握）を情報として付与することにした.

　たとえば，文脈上，「ふとる」は多義的に「伸縮」や「身体」などの意味が付与されている．しかし，比喩性の判定に用いた資料から，『日本国語大辞典』の第一義（古い語義）に「（イ）人体に〜」「（ロ）〜物が成長し〜」とあること，「「太る」「肥える」は人間や動物についていう」（宮島（1972））ことなどが確認され，「肥えた土壌」のような表現は，「土壌が肥える」という要素の結合において擬生化の比喩表現と判定される．もしくは，参照データ（前掲）に，「「妄想（抽象）｜ガ｜ふとる（生）」（擬生）」という類型が掲載されており，「ふと

---

[8] 中村（1977）の 5,537 の結合類型に対し，構成要素の基本的概念と分類語彙表番号，概念マッピング情報を付与し検索可能とした．以下はデータ例である．

A	B	C	分類	No.	A	分類語彙表番号	助詞	B	分類語彙表番号	助詞	C	分類語彙表番号
抽象	抽象	物	名ガ名ニ自	1661	体験	1.3050	ガ	揺り戻し	1.1612	ニ	陰を残す	2.1541
抽象	抽象	物	名ガ名ニ自	1662	安太	1.1346	ガ	思想	1.3075	ニ	共鳴する	2.3532
人	抽象	物	名ガ名ニ自	1663	容貌	1.2050	ガ	容貌	1.3061	ニ	比類する	2.3532

る（生）」という付与情報により，擬生化の類型に該当する比喩表現と判定される．

　このように，比喩性の判定に際しては，比喩性があると判断した言語単位の該当部分をマークすると同時に，比喩性の判断根拠として，

① 発見の手掛かりとなった言語形式があれば「指標」と付し（図1の「種別」記入列），

② 基本義や基本的な用法からのずれがあると判断したのであれば語句の構成要素の結合を類型化可能な形（分類語彙表番号が付与可能な概念化を含む）で抽出し（図1の「結合」記入列），

③ 該当する結合について比喩性の種別を付与した（図1の「種別」記入列）．

　付与した情報の概要を以下に示す．例はいずれも本コーパスの実例である．

A．比喩一般（メタファー）について

　以降の他種別と重複しても，基本的にいずれも比喩表現であると考えるが，まず，比喩表現を構成する要素の結合（中村（前掲）の B 型把握，MIPVU の概念マッピング）に着目して分類情報を付与した．また，比喩性があると判定した根拠を明らかにするにとどまらず，傾向分析やデータの活用可能性も考え，以下の情報を付与した．なお，中村（前掲）の結合類型を分類した際，大まかなカテゴリーの転換分類である a 〜 d で9割以上を占めたため，そのほかの，たとえば液体気体（体），動植物（界），視聴覚（感覚）などの小規模な転換を e にまとめた．

　　a．擬人化（物などを人に喩える）
　　　　例）「拡充を歓迎する」「方針案は（中略）約束する」
　　b．擬物化（人を物などに喩える）
　　　　例）「浮かない顔だった」「家族の柱を失った」
　　c．擬生化[9]（物などを動植物に喩える，活喩，準擬人化）
　　　　例）「才能を生かす」「経済成長」
　　d．具象化（抽象物を具体物に喩える）／抽象化（具体物を抽象物に喩える）

---

　[9] 擬人化は活喩に含まれ，VU Amsterdam Metaphor Corpus では擬人化のみが扱われる．しかし，実データにおいては擬生化の種別が多様であることから，本作業ではラベルを分けた．意志性の有無や被喩辞が人か物かなどの下位分類も付与しているが，ここでは大まかな分類のみ示す．

例）「ルールをゆがめる」「救済の流れ」「可能性が高い」
　e．その他の転換（上記外の別種に喩える．「転換」とのみ記述）
例）「シナリオを描く」「透明感のある歌声」「樹木が竜」

B．直喩について

　比喩性の判断に何らかの言語形式（指標）を含む場合は，いわゆる直喩とも考えられるが，本作業では，構成要素の結合を含む場合はＡと同様の扱いとして特に区別せず，比喩の指標と判定された範囲に「指標」が含まれた旨を記述する（図１の（指標）を参照）．但し，「テントのような場所」「気持ちのようなもの」のように提喩を含む関係や句レベルの要素などの用例で，文脈的にも構成要素の結合が抽出しにくい場合は，当該範囲に比喩性が判定されたマークと「指標」部分の記述のみが行われることになる．

例）「背中に鉄板が入った<u>ように</u>体が重くなる」

C．文脈比喩について

　構成要素のみでは判定できないが，当該部分が文脈上ありえないと判断される場合（中村（前掲）のＣ型把握）については，文脈比喩として文脈情報を付すことにした．

例）「潮目の変化（経済）」「三位一体（政治）」

D．換喩について

　構成要素の結合が類縁関係（質的な転換）である場合，判定根拠として「換喩」を付す．

例）「商店街が（中略）貸している」「部屋の模様替え」

E．提喩について

　構成要素の結合が類と種（量的な転換）である場合，判定根拠として「提喩」を付す．構成要素のみでは判定できない場合は，Ｃと同様に文脈情報も付す．

例）「やっといい仕事ができました（野球の試合）」

F．慣用句などの判定について

　MIPの判定や，文脈比喩，換喩，提喩などの判定に関わる問題として，文脈的に付与されている意味情報において，構成要素の結合に異常を感じにくい場合や，イディオムとして辞書に記載があるなど十分に慣用化されていると考えられる場合がある．作業者が比喩表現と判断する際に，慣用的という調査結果が得られた場合は，その旨も付すこととした（マルチラベル）．クラウドソー

シングを用いた一般的な比喩度の判定においては低い数値が現れやすく，作業者によって判定に差異が生じる可能性が考えられたためである．

　　例）「党員集会の舞台」「機運に水を差す」「疑惑に幕を引く」

4.　新聞コーパスの比喩

4.1.　記事種と比喩表現の分布

　本稿の作業対象は 117,543 短単位あり，このうち MIP の手順に従って 14,640 短単位（12.5％）が比喩表現に関係する要素としてマークされた．表 1 に品詞別短単位数として示す．BNC の新聞（Krennmayr（前掲））では，メタファーに関わる言語単位が 16.4％（7,342/44,792 単位）あり，一概に対照はできないが，[10] 名詞（13.2％）の割合などを見るに類似した傾向であると推測される．

　なお，日本語の新聞で比喩性に関係すると判断された名詞が多いのは，新聞語彙にサ変可能名詞が多いことが影響している．また，「その他（記号等）」には，名詞の羅列における「・」や指標となったカギ括弧などが含まれている．

表 1.　調査対象における比喩表現に関係する要素（短単位数）

品詞	比喩性	総数	比喩関係割合
名詞	6839	46683	14.6％
助詞	3740	27209	13.7％
動詞	2196	10951	20.1％
接尾辞	594	4533	13.1％
助動詞	337	6572	5.1％
形状詞	176	948	18.6％
形容詞	169	972	17.4％
接頭辞	68	894	7.6％
副詞	63	689	9.1％
代名詞	27	402	6.7％
連体詞	13	446	2.9％
その他（記号等）	418	17244	2.4％
総計	14640	117543	12.5％

　表 2 に，比喩性があると判定された要素の意味分類例を示す．比喩性に関

---

[10] たとえば，前置詞が比喩性に関わる割合は 38.1％と非常に高いなどの違いがある．

わる要素は，団体や機関，地名や国などの名詞と，手足の動作をはじめ，固定・傾き，上がり・下がり，入り・入れなどの動詞（サ変可能名詞を含む）が多い傾向が見られる．また，BCCWJ-WLSP で文脈において同意味分類が付与されている短単位数を参考値として示した．比喩性の判断にあたって根拠を記述する際には，BCCWJ の複数短単位からなる固有名詞などを「会社」「機関」などの概念的な単位と算定しているほか，基本的な意味の確認を行って文脈上の意味との違いを確認しており，単純に同意味分類で対照することはできない．しかし，手足の動作や固定・傾き，上がり・下がりなど，文脈上の意味よりも比喩性の判定が高い意味分類については，比喩的に派生した意味において用いられやすいと考えることができよう．また，文脈上の意味の頻度が高い，機関や国，スポーツや経済などについては，当該意味分類において比喩表現の用いられやすい傾向が読み取れる．

表2.　比喩性があると判定された意味分類例（上位20種，短単位数）

意味分類（分類項目）	本比喩性アノテーション	文脈上の意味（BCCWJ-WLSP）
.2760（同盟・団体）	212	767
.2640（事務所・市場・駅など）	154	453
.2590（地名）	147	2455
.2710（政府機関）	117	234
.3392（手足の動作）	113	83
.1513（固定・傾き・転倒など）	103	94
.1540（上がり・下がり）	99	103
.3374（スポーツ）	96	312
.1532（入り・入れ）	91	314
.3430（行為・活動）	90	2938
.2530（国）	89	212
.3061（思考・意見・疑い）	88	369
.1500（作用・変化）	82	530
.1560（接近・接触・隔離）	82	110
.1581（伸縮）	82	90
.5601（頭・目鼻・顔）	81	112
.3710（経済・収支）	77	446
.1553（開閉・封）	74	46
.2600（社会・世界）	71	223
.1730（方向・方角）	70	179

　さて，1つの短単位は複数の比喩表現に関わる場合があるため，短単位では比喩の件数を単純に数えることができない．1つの用例[11]中にもオーバーラップして複数の比喩表現を含む場合もある．そこで本稿では，以降，比喩表現の分布傾向を確認するにあたり，比喩性の判定根拠（比喩分類）の付与された結合を比喩表現の単位として数える．集計の結果，4,800件[12]が得られた．

　以降では，新聞の記事種情報[13]を用いて比喩表現の傾向分布を確認する．まず，記事種別分布傾向として，表3を示す．件数は判定根拠が記述された数（のべ）である．算定にあたっては，換喩・提喩・慣用と結合や文脈記述との重複は無視し，各1件とした数値を示しているが，指標については一部重複がある．

表3．記事種分布と比喩件数

記事	語数	比喩表現（判定根拠数）
政治	22024	953
経済	16124	833
スポーツ	14230	813
文化	20124	654
社会	16383	528
国際	6890	381
事件	10108	260
総類	5865	181
科学	4615	155
労働	1180	42
総計	117543	4800

　表3から，比喩表現の出現割合は，スポーツ，経済，国際などの記事で高い傾向が見られ，事件記事に低い傾向が見られる．Krennmayr（前掲）によれば，比喩表現（Lexical units in relation to metaphor）の出現率は，BNCにお

---

[11] たとえば，(1) に示した一般的比喩度の判定は，あくまでも実際の用例であることを重視し，操作を加えず比喩表現を含む文（実験環境のためにどうしても文単位では取得できない場合のみ読点を基準とした句）ごとに行ったものであり，複数の比喩表現を含んでいる．今後，結合単位の判定実験なども順次進める予定である．

[12] 現在，複数作業者による作業と判定揺れの検証を行っているため，本比喩情報付与データが公開される際の最終的な件数は増加する可能性がある．

[13] BCCWJ の全新聞サンプルについて，紙面情報から記事認定を行い，各記事に紀伊國屋書店『CD-HIASK』主題分類に従い，人手で大分類と小分類のコードを付与したデータ（近日公開予定）を用いた．

ける新聞の hard news（commerce & world affairs）で 18.1％と他ジャンルよ
り高く，soft news（arts & leisure）で 15.1％と低い．分類と算定方法は異な
るが，経済や国際記事で高く，文化記事で低い傾向という点では同様の傾向が
見られるといえよう．比喩表現は，文化や事件などで事実関係が記述される場
合には用いにくく，特定的な使用に偏る可能性が考えられる．事件記事に見る
該当部例を（2）（小分類：経済犯）と（3）（小分類：事件）に示す．換喩と具
象化が散見されている．

(2)　奈良県警幹部らによる汚職事件にからみ，奈良県警捜査二課などは
　　　十五日，厚生年金の脱退一時金をだまし取ったとして，（中略）再逮捕．
　　　（サンプル ID：PN1d_00003，「事件［1.1000］｜ニ｜絡む［2.1551］
　　　【具象化】」「課など［1.2700（機関）］｜ガ｜逮捕する［2.3613］【換
　　　喩】」）[14]

(3)　兵庫県警が一時本格的に捜査に乗り出す騒ぎがあった．
　　　（サンプル ID：PN1d_00004，「県警［1.2720（公共機関）］｜ガ｜乗
　　　り出す［2.1521（移動）］【換喩】」「捜査［1.3065］｜ニ｜乗り出す
　　　［2.1541（乗り降り）］【具象化】」）

　比喩分類別の傾向を表 4 に示す．「その他」項目には字喩や詞喩などの本作
業項目（前述の A ～ F）外分類が含まれる．

表 4.　比喩分類別件数

分類	スポ	科学	経済	国際	事件	社会	政治	総類	文化	労働	計
比喩一般	380	74	420	140	87	273	495	109	322	28	2328
換喩	161	43	251	184	117	141	264	39	138	6	1344
慣用	211	29	127	42	41	62	152	25	121	4	815
指標	35	4	20	12	5	25	31	6	44	3	185
文脈	16	2	7	1	2	15	6		14		63
提喩	9	3	8	2	7	9	2	1	14	1	56
その他	1				1	3	3	1	1		9
総計	813	155	833	381	260	528	953	181	654	42	4800

　スポーツ記事は，野球や相撲などにおける専門用語的あるいは慣用的な表現
によって比喩表現が多い．国際記事でも総数は多いが，換喩の割合が高い（国

---

　[14]　本例中の「汚職（一短単位）」は『日本国語大辞典』を確認して比喩性がないと判断されて
いるが，作業者により「慣用」タグの付与される場合があった．

際記事比喩表現件数中の 48.3％．以下同様）．(2)(3) に「課が逮捕する」「県警が乗り出す」という換喩が見られたと同様に，国や地域，国際会議名などが主部となる用例が頻出する傾向から，換喩の割合が高くなる．

　また，比喩一般（前述の A を参照）では，総類（60.2％），政治（51.9％），社会（51.7％），経済（50.4％）の各記事種において割合の高い傾向がある．該当部を含む例として，(4)(5) を示す．

(4)　また参院選に向けて支持層を無党派層にも広げることが重要だと指摘するなど危機感が前面に出た内容になっている．
　　　　　　　　　　　　（サンプル ID：PN1a_00006，政治記事）
(5)　若者たちが豊かな人間性を培うことにつながるのだ．
　　　　　　　　　　　　（サンプル ID：PN2g_00004，社会記事）

　各記事種に特徴的な内容と関わり，用いられやすい比喩表現があると考えられる．表5に「比喩一般」項目の内訳を示す．新聞全体では具象化が用いられやすい（比喩一般の 67.4％．以下同様）傾向にあり，[15] 概念メタファーの目標概念が起点概念よりも抽象度が高く，具象化に着目した比喩同定は用いられやすいという，Turney et al.（前掲）をはじめとする考え方に合致する．また，新聞全体に擬人化はさほど見られない（8.8％）が，経済記事（11.0％）や社会記事（12.5％）で比較的割合の高い傾向が見てとれ，記事内容に応じた比喩表現の傾向が推測される．よって，次節では，記事種別に比喩表現を構成する要素の意味分類まで見てみたい．

表5．比喩一般の結合種別件数（慣用・文脈との重複は含まない）

	スポ	科学	経済	国際	事件	社会	政治	総類	文化	労働	総計
具象	238	47	277	111	62	178	351	70	216	20	1570
転換	89	14	76	18	8	43	74	21	52	5	400
擬人	20	11	46	5	10	34	41	7	28	3	205
擬物	20	1	6	6	6	8	19	6	8		80
擬生	13	1	15		1	8	10	5	16		69
抽象						2			2		4
総計	380	74	420	140	87	273	495	109	322	28	2328

[15] 中村（前掲）の結合比喩類型を表5の各項目に分類すると，擬人化が 41.8％と最も多く，次いで具象化が 37.3％であった．文学作品とは分布が異なる．

4.2. 起点領域と目標領域の意味分布

　比喩表現であると判断された部分の構成要素のうち，「A が B する」「A を B する」「A は B だ」など，比喩性を有する関係として類型化された A（主に起点領域に含まれる）・B（主に目標領域に含まれる）にあたる概念要素の領域について，表 6 に意味分野別の分布例を示す．もっとも，類型化においては，構成要素が 3 つ以上となる場合や，指標を含む必要があると判断されている場合，文脈比喩と判定された場合もある．そこで，構成要素の 2 つ目までが取得可能であった 4,660 件を対象として集計し，頻度上位のもののみを示している．なお，ここでは大まかな意味分野の分類として分類語彙表番号の中項目（小数点以下 2 桁）を参照する．

　具体的には，4.1 節で見た国際記事や政治記事における換喩分布の傾向が，国・地域・政治区画など（分類中項目：.25：公私，以降同様）や，政府機関・軍・国際機構など（.27：機関）が交渉・参加（.35：作用）する，思考・決定・見聞き（.30：心）するなどの結合として現れている．また，政治記事や社会記事に比喩表現が出現しやすく，問題・選挙のような精神行為（.30：心）が，取り組む・歓迎する（.35：作用）など，具象化や擬人化として表れる傾向が特徴的である．

表 6.　比喩表現の結合例と件数（上位 20 例と総計，中項目）

A	B	スポ	科学	経済	国際	事件	社会	政治	総類	文化	労働	総計
心 (.30)	作用 (.35)	17	15	24	11	5	21	45	6	35	1	180
量 (.19)	作用 (.35)	20	6	25	4	3	14	32	5	7	2	118
機関 (.27)	心 (.30)	11	8	11	4	19	3	27	1	6	1	91
言語 (.31)	作用 (.35)	7	2	11	12	5	7	22	3	18	1	88
経済 (.37)	作用 (.35)	6	1	55		1	9	9	1	1		83
交わり (.34)	作用 (.35)	27	1	4	6	6	4	16		8	1	73
機関 (.27)	作用 (.35)	13	3	12	4	4	2	27	2	5		72
社会 (.26)	作用 (.35)	5	3	17	4	1	13	4	2	14	1	64
時間 (.16)	作用 (.35)	12		5	3	6	10	10		11		59
作用 (.35)	作用 (.35)	12	3	10	3	1	7	11	2	9		58
公私 (.25)	交わり (.34)	23		3	12			13	2	1		54
機関 (.27)	言語 (.31)	5	3	10	5	10	2	12		5	1	53
空間 (.17)	作用 (.35)	15	1	10	3	1	6	9	3	3	1	52
身体 (.56)	作用 (.35)	10		8	3	2	9	5	2	10		51
生活 (.33)	作用 (.35)	20			3	1	3	5	4	12		48
公私 (.25)	心 (.30)	6	1	16	9	2	4	5		3		46
公私 (.25)	作用 (.35)	3	1	8	13	1	2	13		3		44
心 (.30)	生活 (.33)	8		5	4	1	7	10	1	6	2	44
社会 (.26)	心 (.30)	3	2	23	1	2	8	3		1		43
心 (.30)	心 (.30)	8		5	1	2	9	9		9		43
総計（頻度 21 位以降含）		755	152	809	369	259	515	929	182	648	42	4660

　さらに，分類語彙表番号の分類項目まで見ると，Semino（2005）などに示されたような特徴的な結合関係を，特定の記事種から抽出できる．政治記事における，選挙（.3060）と戦争（.3551）あるいは軍事（.3580），経済記事における，「赤字」「黒字」の色（.5020）・文字（.3113）などが見られる．このほか，たとえば，移動関連（.152）の意味分類（進行（.1520），移動（.1521），走り・飛び・流れ（.1522），巡回（.1523），通過（.1524），連れ・導き・追い・逃げ（.1525），進退（.1526），往復（.1527）が含まれる）に着目することで，どのような概念がどのような概念にマッピングされているかなどの分析も可能である．BCCWJ-WLSP における移動関連語 860 件中 308 件が比喩表現に関連すると判定されており，最も多い結合は助数詞（.1962）との 16 件である．用例の詳細を見ると，ある数量や基準に移動するというメタファーである．また，時機（.1611）の 6 件が次ぎ（時間の意味分類（.16）では 29 件ある），時間的な日程基準に移動するメタファーである．

5. まとめと展望

　日本語比喩表現の実態を明らかにすることを目指し，均衡性のある日本語コーパス（BCCWJ）に比喩情報を付与している．本稿では，これまで比喩表現の網羅的な調査の対象となりにくかった新聞を取り上げ，作業の手順と概要を報告した．

　基礎情報としては，まず，比喩と判定した根拠を件数とした記事種別分布を示した．新聞レジスタ内においても，記事種によって比喩表現の分布が異なる傾向があった．さらに，比喩表現を構成する要素の意味情報を用い，起点領域と目標領域の意味的な関係の分布という観点でも調査する可能性を示した．

　今後，BCCWJ の作業対象範囲全てについて作業を完了させ，複数人の作業者による判定の検証を行う．また，一般的な比喩度の判定実験結果も付与し，均衡性を有した日本語比喩情報付きコーパスとして整備する．レジスタ間の対照，BNC との対照なども予定している．

参考文献

加藤祥・浅原正幸・山崎誠（2019a）「『現代日本語書き言葉均衡コーパス』新聞・書籍・雑誌データの助動詞に対する用法情報付与」『日本語学会2019年度春季大会予稿集』，161-166.

加藤祥・浅原正幸・山崎誠（2019b）「分類語彙表番号を付与した『現代日本語書き言葉均衡コーパス』の新聞・書籍・雑誌データ」『日本語の研究』15(2)，134-141.

国立国語研究所編（2004）『分類語彙表増補改訂版』大日本図書.

Krennmayr, Tina (2011) *Metaphor in Newspapers*, LOT Publications, Utrecht.

宮島達夫（1972）『動詞の意味・用法の記述的研究』国立国語研究所報告43，秀英出版，東京.

宮澤彬・吉田奈央・宮尾祐介（2016）「日本語メタファーコーパス作成のためのガイドライン」『言語処理学会第22回年次大会発表論文集』，150-153.

中村明（1977）『比喩表現の理論と分類』国立国語研究所報告57，秀英出版，東京.

中村明（1995）『比喩表現辞典』角川書店，東京.

Pragglejaz Group (2007) "MIP: A Method for Identifying Metaphorically Used Words in Discourse," *Metaphor and Symbol* 22(1), 1-39.

Semino, Elena (2005) "The Metaphorical Construction of Complex Domains: The Case of Speech Activity in English," *Metaphor and Symbol* 20(1), 35-69.

Semino, Elena, Zsófia Demjén, Jane Demmen, Veronika Koller, Sheila Payne, Andrew Hardie and Paul Rayson (2017) "The Online Use of Violence and Journey Metaphors by Patients with Cancer, as Compared with Health Professionals: A Mixed Methods Study," *BMJ Supportive & Palliative Care* 7, 60-66.

Steen, Gerard J., Aletta G. Dorst, Berenike Herrmann, Anna Kaal, Tina Krennmayr and Trijntje Pasma (2010) *A Method for Linguistic Metaphor Identification. From MIP to MIPVU*, John Benjamins, Amsterdam.

Turney, Peter D., Yair Neuman, Dan Assaf and Yohai Cohen (2011) "Literal and Metaphorical Sense Identification through Concrete and Abstract Context," *Proceedings of the 2011 Conference on Empirical Methods in Natural Language Processing*, 680-690.

Willks, Yorick, Lucian Galescu, James Allen and Adam Dalton (2013) "Automatic Metaphor Detection Using Large-Scale Lexical Resources and Conventional Metaphor Extraction," *Proceedings of the Workshop on Metaphor in NLP*, 36-44.

山崎誠・柏野和佳子（2017）「『分類語彙表』の多義語に対する代表義情報のアノテーション」『言語処理学会第23回年次大会発表論文集』，302-305.

外国語のメトニミー表現の解釈における
他者の介入および他者との協同*

有薗　智美

名古屋学院大学

1. はじめに

　近年，第二言語習得および外国語学習における比喩表現の研究は盛んに行われており，特にメタファーに関しては，多くの成果があげられている (Littlemore and Low (2006), Low (2008), Littlemore (2009) など). 一方で，メタファーと同様に言語に偏在するメトニミーに関しては，外国語学習における比喩研究という観点から見れば，やや遅れを取っている. もちろん，メトニミーについても，学習者がメトニミー解釈のためにどのようなストラテジーを使い，どのようなエラーを起こすかなど，明らかにされていることはある. しかしながら，外国語のメタファーに関する研究では，様々な言語を母語とする学習者，種々のメタファー表現を対象に，解釈だけでなく記憶についてもその学習効果を高める要因などが明らかにされており，それと比較すると，メトニミー解釈に関する研究は始まったばかりといってよい. 本稿は，日本語を母語とする英語学習者が，学習者同士で協力して英語のメトニミー表現の意味を解釈する過程をインタビュー調査により観察する. これにより，Barcelona (2010), Arizono (2011), Littlemore (2015) などの先行研究においてあげられている，母語知識の参照，基本義に基づくイメージ形成，文脈への関連付けといったメトニミー解釈のストラテジーが，オンラインの解釈プロセスにおいて，実際にはどのように利用されているか，また学習者が最終的に適切な解釈に辿り着くプロセスはどのように展開しているかを明らかにすることを目指す.

---

　* 本研究は，JSPS 科研費 JP 16K16838 の助成を受けたものである.

2.　外国語学習における比喩解釈のプロセス

　Littlemore and Low (2006: 6) は，外国語学習における比喩的思考（figura-
tive thinking）について，「未知の表現が比喩かもしれないと考える，あるいは
比喩表現を使うことによる含意は何かを考えるための照合パタン（querying
routine）を使用すること」であるとし，この照合パタンを以下のような一連の
プロセスとして示している (Littlemore and Low (2006: 25))．

　① Identify familiar or basic senses of the words
　② Ask about the shape, components, structure and function of the en-
　　　tities
　③ Use the context to establish whether the answers suggest an appro-
　　　priate meaning
　④ If it does not, ask about peripheral detail, associations, and concepts
　　　known to be involved in metaphor and metonymy in the L2 (jour-
　　　neys, containers etc.)

比喩表現を解釈するには，非母語話者は母語話者よりもさらに注意深く意図さ
れた意味を考えなければならないため，このような照合パタンを適切に利用す
る必要がある．Littlemore and Low (2006) は，この照合パタンはメタファー
だけでなくメトニミーの解釈にも適用されうるとしているが，実際に比喩表現
の解釈プロセスを詳細に調査している研究は，前述の通りメタファーに関する
ものが多い．例えば，Boers and Demecheleer (2001) は，フランス語母語話
者が，事前知識がない状態で英語のメタファー表現を解釈した際，適切に解釈
できたものは母語にも同様のメタファーが存在するものであったとして，母語
知識が解釈を助けることを明らかにしている．また Littlemore (2001) は，こ
の母語知識の参照のほか，学習者が比喩的意味を導く手掛かりとして当該項目
の基本義を参考にし，さらに文脈からの推測を行っていることを明らかにして
いる．ただし，これらのストラテジーが常に有効に働くわけではない．Skou-
faki (2005) は，学習者が単独でメタファー解釈を行う際に，当該表現が文脈
と共に与えられている場合にはそれに頼ってしまい，文脈を伴わずに示される
場合よりも，イメージ形成，母語からの推測，個々の語の拡張などを考慮しな
くなると指摘している．外国語のメトニミー解釈に関しても，Arizono (2011)
は，メタファーと同様「基本義に基づくイメージ形成」，「文脈的手掛かりの利
用」，「（メトニミー関係についての）既存の知識の利用」，さらにメトニミー特

有の「アクティブゾーン／プロファイルの不一致に対する気付き」によって比喩的意味を導いていることを明らかにしているが，Littlemore et al. (2018) や有薗 (2019) は，学習者が単独でメトニミーを解釈するという状況で，これらのストラテジーが常に適切な解釈を導くわけではないことを指摘している．

　そこで必要なのが，学習者の比喩的思考を促進・制御する，他者の介入である．例えば Kövecses and Szabó (1996) は，メタファー解釈において，複数の表現に関わる概念メタファーを事前に教えられていると，学習者はそれを新たな表現の解釈に利用することを明らかにしている．また Verspoor and Lowie (2003) は，学習者にまず基本義を教えることも，解釈と記憶に効果があるとしている．さらに Boers et al. (2004) は，教師が当該項目の起点領域に学習者の注意を向けさせると，それらの語に対する知識の深さや記憶に顕著な改善が見られるとしている．また MacArthur (2005) や Beréndi et al. (2008) は，メタファー表現を絵とともに示すと記憶が促進されることを明らかにしている．これらは，解釈プロセスの最初の段階で，研究者や教師により学習者に何らかの手掛かりが与えられるケースだが，Littlemore (2002, 2004) は，解釈プロセスにおいてより直接的に教師が介入する，誘導質問 (guided questioning) が有効であると主張している．そこでは，教師が学習者に対して「当該項目の基本義を知っているか」と尋ねることで起点領域を認識させ，「当該項目の意味について何を思い浮かべるか」を尋ねることによって，起点領域についてのイメージ形成を促す．そして，「思い浮かべたもののうちどれが最も文脈に関係があるか」と尋ねることにより，起点領域内の最も適切な側面を特定させる．これにより学習者は，起点領域についての知識を活性化するためのイメージ形成を行い，その表現が表す比喩的意味だけでなくその評価的含意も理解できるということである．また Littlemore (2004) は，教師だけでなく他の学習者の介入，つまり学習者間の協同も同様に，比喩的思考を促進すると主張している．

　以上のように，メタファーについては，基本義や比喩表現の動機づけに学習者の注意を向けさせ，それによって学習者がイメージ形成や文脈との照合を行うことができるような，教師の介入および学習者同士の協同を伴う解釈プロセスが，比喩の理解を促進（し，記憶にも効果を発揮）する有効な方法であることが明らかにされている．本稿はこのことがメトニミー解釈にも適用されることを明らかにする．これまでの研究では，学習者がどのようにメトニミー表現を解釈しているかは学習者の内省に基づき分析されてきた．例えば Littlemore et al. (2018) では，当該項目の意味をどのように導いたかを学習者自身が説

明する形で調査が行われている．このような研究では，上述した一連の照合パタンが，実際にそのまま行われているかだけでなく，各ストラテジーをどのように利用し，解釈プロセスがどのように展開するかという点は明らかになっていない．つまり，まずは基本義を参考にその項目に対するイメージ形成を行い，そのうえで文脈への関連付けを行い，それにより適切でないと判断した場合にはその項目についてのさらに周辺的な知識まで想起して解釈を行うという一続きのプロセスが実際に行われているかを確認することが困難である．そこで本稿では，インタビュー形式で解釈プロセスを観察することにより，学習者が比喩的意味について仮説を立て，それを修正し，別のストラテジーを用いて最終的に適切な解釈を導くという実際のプロセスを見る．

3.　外国語のメトニミー表現の適切な解釈にいたるプロセス

　本節では，先行研究において明らかにされている外国語のメトニミー解釈のストラテジー（あるいはそれによって成り立つ照合パタン）が，実際の解釈プロセスにおいてどのように働くかを明らかにする．特に，学習者同士の協同や教師の介入という，実際の教室に近い形をインタビュー調査において作りだすことで，解釈プロセスが適切な意味へと展開する様子を明らかにする．

3.1.　調査手順と被験者

　本研究は，日本語母語話者2名を対象にした日本語によるインタビュー形式の調査であり，被験者の英語レベルは CEFR の B2 レベル（準上級）に該当する．[1] 2名の被験者は，文脈と共に示される15のメトニミー表現の意味を協力して解釈する．この文脈は，当該表現の意味を導くのに十分であると英語母語話者によって判断されたものである．被験者たちはまずメトニミー表現を含む文脈全体に目を通し，下線が施されたメトニミー表現がどのような意味を表すかを話し合う．当然のことながら，被験者には本研究の目的がメトニミー解釈であることは知らされていない．なお，事前に行ったパイロットスタディにおいて馴染みがないと判断された当該項目以外の表現には予め日本語訳を記入しておき，それ以外の不明な語については被験者から質問があった際にその意

---

[1] CEFR（ヨーロッパ言語共通参照枠）の B2 レベルは，IELTS では 5.5-6.5，TOEFLiBT では 72-94 などが該当すると言われている（文部科学省（2015））．CEFR の各レベルに関する詳細は Council of Europe（2001）を参照のこと．

味を教えた．すべての作業はビデオ録画されている．

　また，本研究は正確な解釈を導き出すプロセスを見ることを目的とするため，解釈が誤った方向に進んだ際にはインタビュアーが必要に応じて介入する．インタビュアーは，必要であれば手掛かりを与え，適切な解釈へ向かう手助けをするといったように，教師の介入が見られる実際の教室に近い環境を作り出している．前述の通り Littlemore (2004) は，メタファー解釈において教師の介入や学習者同士の協同が適切な解釈につながることを実際の解釈プロセスを観察することで明らかにしている．本研究はこれを参考に，教師の介入および学習者の協同がメトニミー解釈においても有効に働くという見通しのもと，調査を行う．メトニミー解釈における教師の介入のポイントは以下の通りである．

　　①　媒体領域（フレーム）の知識を活性化するためのイメージ形成
　　②　フレーム内の関連する概念を特定するための文脈への関連付け

①については，フレーム喚起，イメージ形成を促すために，「下線部は本来どのような意味を表すか」，「下線部の名詞は何をする時に使うか」，「下線部が表す動詞が表す行為は，どのような時に行われるか」など，簡単な質問を行う．また②については，被験者が導いた意味の文脈への関連付けを促すため，「その意味では文脈に合わない」と指摘するか，あるいは「その意味は文脈に合うか」と尋ねる．これらは，被験者が当該項目の意味についての自分たちの仮説を適切な解釈へと展開させるのを助けることを目的としている．

3.2.　調査資料

　本研究の調査資料として被験者に提示されるメトニミー表現は，被験者にとって極めて具体的な存在であるために容易にイメージしやすい，身体部位詞の *hand* をその構成要素に持つものである．以下の例を見てみよう．[2]

　(1)　The Government's earlier reluctance to put its hand in its pocket had led property experts to accuse it of unwittingly aiding and abetting the IRA's efforts to disrupt the City.

　(2)　The parent company has recently changed hands and decided to change the existing Wimpy into a Burger King.

---

[2]　本研究における例文は，British National Corpus (BNC) から採集したものである（データ提供元：小学館コーパスネットワーク）．

（1）の *to put one's hand in one's pocket* は，構成要素がそれぞれ比喩的意味
を担っているのではなく，〈ポケットに手を入れる〉という句全体の文字通り
の意味が，時間的近接性に基づくメトニミーにより，〈お金を出す〉という意
味に拡張している。[3] Littlemore and Low（2006）は，イディオムのような複
数の語で構成される比喩表現を解釈する場合，学習者は個々の語をそれぞれ理
解しようとすると述べているが，Piquer-Píriz（2008）や Littlemore et al.
（2018）は，複数の構成要素からなる表現であっても，当該の身体部位の典型
行為に動機づけられたメトニミー表現のように，文字通りの意味が表す事物が
容易にイメージ可能なものであれば，解釈に問題が生じることはないと主張し
ている。本稿はこの主張を裏付けるために，実際の解釈プロセスにおいて，句
全体の文字通りの意味が表す行為を実際に解釈プロセスにおいて実演でき，そ
れゆえ容易にイメージできる表現を調査対象に含んでいる。

　一方（2）は，（1）とは異なり，構成要素の一部である *hand* 自体が比喩的
意味を担っている。有薗（2009）は，より一般的な意味拡張の基盤として
Kövecses and Radden（1998）によって提案された action ICM に基づくメト
ニミーを参考に，身体部位詞の意味拡張を支える「行為のフレーム」を示し，
身体部位詞はこの行為のフレームに基づくメトニミーによって意味を拡張させ
ていると主張している。「手で書く」「目で見る」など，身体部位は何らか行為
の道具とみなされる。この，本来は道具としてみなされる身体部位は，行為の
フレームにおいて関連付けられる他の要素（行為者，技術，方法，力など）を
メトニミーによって表す。このような身体部位のメトニミー的拡張は日英両言
語においてみられる。例えば，英語の *hand* が〈行為者〉を表すのと同様，日
本語の「手」も〈行為者〉を表すことができる。[4] これは，身体が我々にとって
具体的で顕著な存在であり，さらに言語は違っても人間として身体の作りや機
能は共通しているためである。しかしながら Barcelona（2010: 137）が指摘
するように，あるメトニミーが二つの言語間で共通していても，メトニミーの
媒体や目標の精緻化，文法的性質，そして慣習化の程度において異なる可能性
がある。例えば，日本語には「手を替える」という表現があるが，これは（2）

---

[3] 本稿では，意味や概念を〈…〉で示す。

[4] なお，身体部位詞「手」は，日本語と英語だけでなく，ドイツ語，スペイン語，中国語な
どでも分析されている（Yu（2009），Sneesby（2009）など）。これらの研究では，行為のフ
レームに基づくメトニミーによって〈手〉を表す身体部位詞の意味拡張が説明されているので
はないが，その記述を見る限り行為のフレームによる分析が適用でき，また異言語間で共通し
ていることがわかる。

の *to change hands* と構成要素が対応しており，〈手〉を表す語が行為のフレームに基づき別の意味を表すという点でも同様である．しかし，*to change hands* における *hand* は，行為の道具である〈手〉を表す形式でその行為を行う〈人〉を表す INSTRUMENT FOR AGENT により，〈所有者〉の意味を表すが，一方で構成要素が対応する日本語の「手を替える」の「手」は，行為の〈道具〉によってその行為に必要な〈方法〉を表す INSTRUMENT FOR MEANS により，〈手段〉を表している．[5] このように，行為のフレームに基づくメトニミーという同様の動機づけを持ち，また構成要素も対応するが，行為のフレーム内において実際に指示する要素が母語のそれとは異なる (2) のような表現をどのように「正しく」解釈し理解するか，ということも明らかにしたい．

3.3.　観察

　本節では，インタビュアーの介入と被験者の協同を伴うメトニミー解釈のプロセスを示していく．調査資料となった 15 の表現には，一方の被験者がすでにその比喩的意味を知っていた場合などもあり，本稿では紙幅の都合上，特に興味深い 4 つのケースについて報告する．まず，以下の例を見てみよう．

(3)　Tommy Gorman, the acting convener at Leyland Daf's Albion plant in Glasgow […] said: 'It is not the Dutch and Belgian Governments that should be looking after jobs in Glasgow—it is the British Government that should be doing something.'　John Allen, the Amalgamated Engineering and Electrical Union's chief negotiator, said: 'This rescue package has now been put forward, led by an intervention from the Dutch and Belgian Governments—our Government is still sitting on its hands.'

(3) の *to sit on one's hands* は，〈傍観する〉ことを表す．これは，文字通りの意味が表す〈両手の上に座る〉ことと〈傍観する〉ことの時間的近接性に基づき，句全体で意味が拡張したメトニミー表現である．以下にこの表現を解釈する過程を示す．被験者は S1 および S2，インタビュアーは I とし，身体動作は […] で示す．

---

[5] 動機づけとなるメトニミーは，A FOR B のようにスモールキャピタルで示す．

(4) a. I:　to sit on one's hands は何を意味しますか？
　　 b. S2: [両手を腿の下に置く]
　　 c. S1: 何もしないってこと？
　　 d. S2: うん．見てるだけ
　　 e. S1: 傍観してる
　　 f. I:　その通り
　　 g. S1: 手を出さないんだよね．こうやって [両手を腿の下に入れ，視
　　　　　 線を動かす]

　まず，S2 が無言で自分の両手を腿の下に挟む動作を行い（4b），それを見た
S1 がすぐに〈何もしない〉という正しい解釈を導いている（4c）．このケース
では，インタビュアーの介入はなく，S2 の動作が S1 のイメージ形成を促し，
被験者のみで正答を導き出している．このやり取りから，メトニミー表現の文
字通りの意味が表す行為を容易に演じることができる場合，学習者は自ら文字
通りの意味に基づくイメージ形成によって当該表現を解釈しようとすることが
わかる．さらに S1 は，正しい解釈が行われた後に，手の上に座り，手を動か
そうとせず視線を動かすということを身体動作によって示すことで，〈傍観す
る〉という比喩的意味との関連付けを改めて示している（4g）．この例は，当
該項目の本来の意味が表す行為が身体動作などにより容易にイメージ可能であ
る場合，学習者は教師の助けなしに正答を導くことができることを示しており，
3.2 節で述べた Piquer-Píriz（2008）や Littlemore et al.（2018）の主張に合う．
　一方で，以下の表現も，（3）と同様文字通りの意味が表す行為は身体動作と
して容易に演じることができるにも関わらず，（3）ほど単純ではない．

(5)　This morning, Board of Trade President Michael Heseltine is ex-
　　　pected to cave in to City pressure, and commit the Government to
　　　contributing money to an insurance pool to cover commercial prop-
　　　erty against terrorist attack. New Lord Mayor of London Francis
　　　McWiliams is said to have played a key role in persuading Mr Hes-
　　　eltine to turn again. The Government's earlier reluctance to put its
　　　hand in its pocket had led property experts to accuse it of unwit-
　　　tingly aiding and abetting the IRA's efforts to disrupt the City.

（5）の to put its hand in its pocket は，〈お金を出す〉ことを表す．これは 3.2
節で述べた通り，文字通りの意味が表す行為と比喩的意味が表す行為の時間的

近接性に基づき，句全体の意味が拡張したメトニミー表現である．以下は，その解釈の過程である．

(6) a. S1: ポケットに手を突っ込んでやる気がないって感じ [ポケットに手を突っ込む]
　　b. I: やる気がない？
　　c. S1: はい．やる気がない
　　d. I: だとしたらこれ, the Government's earlier reluctance to は「やる気がないことに対する怠慢」になってしまいますね
　　e. S1: うーん．そうか
　　f. I: 違ってそうですね
　　g. S1: うーん
　　h. I: でも考え方はいい．ポケットに手を突っ込むときはどんな時ですか？
　　i. S1: つまらないとき，緊張したとき，やることがないとき
　　j. S2: 寒いとき
　　k. S1: 確かに
　　l. I: ポケットには何が入っていますか？ 普段
　　m. S2: [ポケットに手を入れた後に手を出し，その掌を閉じたり開いたりしながら] お金
　　n. S1: あー外国人的だね．それ
　　o. I: となると？
　　p. S2: [紐を締める動作をしながら] しめる？
　　q. I: うん．ポケットにはお金が入っているんだよね．ということは？
　　r. S1: お金を出すことに対するいやいや．お金を出したがらなかった

S1 はまず，ポケットに手を突っ込み，当該表現の意味を〈やる気がない〉ことを表すと回答した（6a, c）．しかし，インタビュアーはその回答が文脈に合わないことを指摘し（6d），さらに「ポケットに手を突っ込むのはどんな時か」訪ねた（6h）．これに対して複数の行為が想起されさらなるイメージ形成が行われたが（6i, j），どれも適切な解釈につながるものではなかったため，インタビュアーは「ポケットには何が入っているか」と質問を変えた（6l）．それにより S2 がポケットから出した手をインタビュアーに向け，掌を開いたり閉じたりしながら「お金」と答え（6m），それを受けて S1 が正答を導いた（6r）．

この例は，(3) と同様に，被験者は文字通りの意味が表す行為（ポケットに手を入れる）をすぐに実演しているにも関わらず，それが適切な解釈にはつながっていない．このことから，(4) に示されるように，身体動作などにより容易にイメージ形成が可能な項目であればそれを基に解釈を行いやすいとはいえるが，その一方で (6) で見たように，文字通りの意味が表す行為自体は容易にイメージできてもそれがさらに複数の状況を喚起してしまう場合もあり，解釈が成功するか否かは文字通りの意味が表す事物の（単なる）イメージ可能性によっては左右されないことがわかる．むしろ当該項目のイメージ可能性が左右するのは，（成功するか否かは別として）解釈の行いやすさである．言い換えれば，イメージ可能性は解釈の手掛かりにはなるが，その解釈の適切さを左右する要因にはならない．なお，(6) において，インタビュアーによる文脈への関連付けは直接的に仮説の修正・展開にはつながっておらず，その後のポケットの中身を尋ねる質問により，より限定的なイメージ形成を促されることで適切な解釈に辿り着いている．つまり，イメージ形成は可能であるがそれが多岐にわたってしまい，かつ学習者が複数のイメージを限定するために文脈的手掛かりをうまく活用できない場合には，教師の介入により学習者は比喩的思考プロセスにおいて改めて別の仮説に移行することができる．

　次に，*hand* 自体が何らかの比喩的意味を担う表現の解釈プロセスを見てみよう．以下で見ていく 2 つの表現は，3.2 節で紹介した行為のフレームに基づくメトニミーによるものである．

(7)　In his brilliantly perceptive book, 'Beyond a Boundary', James traces the history of the modern game back to its inception during the lifetime of Hazlitt (1778–1830). He sees it formed and shaped by 'the yeoman farmer, the game-keeper, the potter, the tinker, the Nottingham coal-miner, and the Yorkshire factory hand'.

(7) の *hand* は，INSTRUMENT FOR AGENT により，働く際の道具となる身体部位の〈手〉を表す形式によって，その行為を行う〈人〉を表している．下線部を解釈する過程は以下の通りである．

(8) a.　S1: 私，手工業とかかなと思ったんだけど，わかんない．どう思った？ factory hand. ヨークシャーってさ，羊織物とかじゃなかった？ 自信がない．自信ないけど，たぶんね，高校の知識を掘り起こすと，なんか羊毛産業とかやったような気がする

　　　んだよね，ヨークシャー．それって手工業になるの？　織物．
　　　羊毛の．でもほら，coal-miner じゃん，前が．これって工業
　　　系だよね．

b.　S2:　あーほんとだ

c.　S1:　ヨークシャー工場の hand でしょ

d.　S2:　工場の人？　工場で働く人？

e.　S1:　あーそっか．それもあるね．そうだね

f.　S2:　全部が人でできてるから．coal-miner そして，ヨークシャーの

g.　S1:　工場で働く人か

h.　I:　そのとおり．ではなぜ hand で人を表していると思いますか？

i.　S2:　工場制手工業だから

j.　S1:　[両掌を広げて] そうだよね，手がいるからだよね，働くのに

k.　S2:　働き手！

l.　S1:　働き手，あー！ そっかそっか．

m.　S2:　日本語でも言う．

n.　S1:　言う言う．特に私，factory だから手が強調されるのかなと
　　　思った．いるでしょ，手が．

　被験者の母語である日本語にも「手」によって AGENT を表す同様のメトニ
ミーがあるが，最初に（8a）で S1 が文脈とそれによって喚起される知識によ
り異なる解釈をしてしまう一方で，S2 は文脈から〈工場で働く人〉という適
切な解釈を導き出す（8d, f）．ここで興味深いのは，（8k）以降で両被験者が明
言しているように，日本語においても同様の意味拡張が見られることを実際に
知識として持っているにもかかわらず，その知識を利用してすぐに正解を導い
たわけではないという点である．これは 2 節で述べた，メタファー解釈の際
の文脈への依存に関する Skoufaki（2005）の主張に沿う．メトニミー解釈に
おいても，（3），（5）のように文字通りの意味が身体動作を表している場合に
はイメージ形成を手掛かりにしやすいが，（7）のようにそれができない場合に
は，母語知識や基本義の参照よりもまず，文脈的手掛かりを重視して意味を推
測しようとするのである．したがってこれは，メタファーやメトニミーといっ
た比喩のタイプに関わらず，比喩の解釈全般に当てはまる傾向といえる．なお
（8）では，適切な解釈に至るまでにインタビュアーの介入はなく，学習者の協
同のみで文脈への関連付けから解釈を修正し，正答を導いているが，その後，
インタビュアーが「hand がなぜ〈人〉を表すのか」尋ねると（8h），S1 は両掌

を広げ，「働くのに手がいるため」と答えた (8j). つまり，単に文脈から〈人〉という解釈を導いただけではなく，そこで hand という形式が用いられる動機づけとして，それを使って働くためであるということ，つまりある行為における道具と行為者というメトニミー関係までも適切に示すに至った.
最後に，以下の表現を見てみよう.

(9) I interviewed the store manager and personnel manager of a large and busy Burger King fast food establishment. <u>The parent company has recently changed hands</u> and decided to change the existing Wimpy into a Burger King. All the staff have remained the same, but the managers I interviewed are new to this particular store.

(9) の下線部は〈親会社は最近所有者が変わった〉という意味を表しており，ここでの hand は〈所有者〉の意味を表す. これは 3.2 で述べたように，また (7) の hand と同様，INSTRUMENT FOR AGENT による. 以下にこの表現を解釈する過程を示す.

(10) a. S1: 親会社は最近手法を変えた？
　　 b. S2: ヘッド
　　 c. S1: 社長？ [手を高く上げる]
　　 d. I: うん，社長は会社を何している人？
　　 e. S2: 経営
　　 f. I: うん，経営してるんだけど，それがなぜ hand で表されているんでしょうか？
　　 g. S2: 経営 [両手を前に出して前後に円を描く] 経理 [何かを書く動作] 保つ？ [手のひらを開いて前に出し円を描く] どう手がかかわるかってことですよね？
　　 h. S1: 指揮してるんだよね？ 命令してるんだよね [人差し指で四方を指す]
　　 i. I: hand って何に使うもの？ 日常的に. いろいろ思い浮かべてみて
　　 j. S1: 頭で思ったことを実行する
　　 k. I: もうちょっと日常レベルの動作ってどういうものがある？
　　 l. S2: つかむ
　　 m. S1: 指す

n.　S2:　洗う，作る，育てる，取る
o.　I:　うん．あとは，持つもそうだね
p.　S1:　あー，持ってんのか．会社を持ってるのか
q.　I:　社長って言うのはオーナーだよね．オーナーって所有者だよね
r.　S1:　うん
s.　I:　でこれ主語の会社っていうのは持ち物．持ち物が，hands を変えたって言うのは，持ち物が，何を変えたかったことだよね
t.　S2:　株主
u.　I:　これ会社ってことになるとちょっと抽象的だけど，こういう言い方もできる．This pen changed hands. [持っているペンを S1 に渡す]
v.　S1:　譲渡したってこと？
w.　I:　うん，ということは下線部の hand は
x.　S1:　持ち主．これたぶんヒントがなかったらわからない．手法のシュも手じゃん．手を替える．だから日本語で考えた，最初

これまで見た例では，まず身体動作を行ったり文脈を参照したりしていたが，S1 はそれらを行うことなく「手法を変えた」とすぐに答えており (10a)，最後にその説明として，「手法」にも「手」という構成要素が用いられていること，また「手を替える」という慣用表現が日本語に存在することを指摘している (10x)．つまり，*to change hands* と構成要素が同じで意味が異なる母語の対応表現の存在が，詳細なイメージ形成や文脈的手掛かりの捜索を妨げ，hand を母語と同様 INSTRUMENT FOR MEANS により〈方法〉の意味に解釈させたのである．解釈の軌道を修正するためにインタビュアーが〈手〉に関するイメージ形成を促す質問をするが (10f, i, k)，被験者からは適切な行為が想起されなかったため，(10o) でインタビュアーは手の〈持つ〉という行為を示し，(10u) で具体的な身体動作 (*This pen changed hands* と言いながらペンを渡す) を行った．それを見ると，S1 はすぐに〈持ち主〉と適切な解釈を行っている．(7) と同様の動機づけによって意味が拡張しているにも関わらず，(7) と比較して適切な解釈に辿り着くのに困難が生じた理由は，hand と共起する動詞とともにその形式が，母語の慣用表現（「手を替える」）と対応していたためである．母語に対応表現があり，それによって導いた意味が当該文脈から明らかな形で逸脱していない場合には，その解釈を修正する手掛かりが失われてしまう．そのため，インタビュアーは具体的な身体動作と共に当該表現の用法を

示すことで新たな仮説を導くイメージ形成を促し，解釈の修正に成功した．

4.　おわりに

　外国語のメトニミー解釈に関するこれまでの研究では，学習者がメトニミー表現の意味を解釈し，その過程を内省的に説明したものに基づき，解釈のストラテジーが明らかにされているため，Littlemore and Low（2006）の照合パタンが実際に行われているかを確認することは困難であった．また，Arizono（2011），Littlemore et al.（2018）などは，個々のストラテジーが場合によっては解釈を妨げる要因にもなりうると主張しているが，実際どのような場合に解釈を妨げるか，詳細に立ち入ることができなかった．このような問題を明らかにするために本研究は，メトニミー表現の適切な解釈を導くまでのプロセス，つまり，教師の介入を想定したインタビューにおいて，学習者の協同による解釈プロセスに焦点を当てた．それにより，上述の照合パタンは理想的な形では進まず，最初に採用するストラテジー自体も項目によって異なることがわかった．その理由として，構成要素は同じだが意味が異なる対応表現が母語に存在するケースや，文字通りの意味は容易に実演可能だが，その行為が行われる状況が複数考えられるために，さらなるイメージ形成で失敗してしまうケースなどが観察された．その一方で，これらのケースにおいても最終的に学習者が適切な解釈に辿り着いたのは，他者の介入によることを示した．これは，Littlemore（2004）で論じられている，（メタファー解釈における）比喩的思考プロセスに対する他者の介入の有益性を支持するものである．本研究では，被験者は互いの身体動作を見たり互いの考えを聞いたりした後に，当該表現の意味を導き，あるいはそれを再考し，解釈プロセスにさらなる展開をもたらしていた．同時に，学習者同士の協同だけでは比喩的思考が適切な解釈につながらない場合には，教師役のインタビュアーによる介入が有効であり，これにより，メタファーだけでなくメトニミー解釈においても，学習者の協同および教師の介入が比喩的思考プロセスを促進することが確認された．

　本稿で見てきた他者の介入を伴う比喩的思考プロセスは，解釈だけでなく記憶にも役立つと思われるが，これについては実証的に明らかにされる必要がある．また，本研究はインタビュー形式であったため，教師と学習者の関係性や授業スタイルが様々である実際の教室環境では，幾分異なる観察がなされる可能性もある．今後は本研究によって得られた観察結果をもとに，これらの課題に取り組み，外国語のメトニミー解釈に関わる諸側面について，さらに明らか

にしていきたい.

参考文献

Arizono, Satomi (2011) *Metonymic Comprehension in Foreign Language Learning,* Master's thesis, University of Birmingham.

有薗智美 (2009)『身体部位詞を構成要素に持つ日本語慣用表現の認知言語学的研究』名古屋大学博士論文.

有薗智美 (2019)「日本語母語話者による英語メトニミー表現解釈における知識と文脈の役割」『認知言語学を紡ぐ』, 森雄一・西村義樹・長谷川明香 (編), 3-24, くろしお出版, 東京.

Barcelona, Antonio (2010) "Metonymic Inferencing and Second Language Acquisition," *AILA Review* 23, 134-154.

Beréndi, Marta, Szilvia Csábi and Zoltán Kövecses (2008) "Using Conceptual Metaphors and Metonymies in Vocabulary Teaching," *Cognitive Linguistic Approach to Teaching Vocabulary and Phraseology,* ed. by Frank Boers and Seth Lindstromberg, 65-99, Mouton de Gruyter, Berlin.

Boers, Frank and Murielle Demecheleer (2001) "Measuring the Impact of Cross-Cultural Differences on Learners' Comprehension of Imageable Idioms," *English Language Teaching Journal* 55(3), 255-262.

Boers, Frank, Murielle Demecheleer and June Eyckmans (2004) "Etymological Elaboration as a Strategy for Learning Figurative Idioms," *Vocabulary in a Second Language, Selection, Acquisition and Testing,* ed. by Paul Bogaards and Laufer Batia, 53-78, John Benjamins, Amsterdam.

Council of Europe (2001) *Common European Framework of Reference for Languages: Learning, Teaching, Assessment,* Cambridge University Press, Cambridge.

Kövecses, Zoltán and Günter Radden (1998) "Metonymy: Developing a Cognitive Linguistic View," *Cognitive Linguistics* 9(1), 37-77.

Kövecses, Zoltán and Péter Szabó (1996) "Idioms: A View from Cognitive Semantics," *Applied Linguistics* 17, 326-355.

Littlemore, Jeannette (2001) "The Use of Metaphor in University Lectures and the Problems that It Causes for Overseas Students," *Teaching in Higher Education* 6, 333-351.

Littlemore, Jeannette (2002) "Developing Metaphor Interpretation Strategies for Students of Economics: A Case Study," *Les Cahiers de l'APLIUT* 22(4), 40-60.

Littlemore, Jeannette (2004) "Interpreting Metaphors in the EFL Classroom," *Les Cahiers de l'APLIUT* 23(2), 57-70.

Littlemore, Jeannette (2009) *Applying Cognitive Linguistics to Second Language*

Learning and Teaching, Palgrave Macmillan, Basingstoke.

Littlemore, Jeannette (2015) *Metonymy: Hidden Shortcuts in Language, Thought and Communication*, Cambridge University Press, Cambridge.

Littlemore, Jeannette, Satomi Arizono, and Alice May (2018) "The Interpretation of Metonymy by Japanese Learners of English," *Applying Cognitive Linguistics: Figurative Language in Use, Constructions and Typology*, ed. by Ana Mª Piquer-Piriz and Rafael Alejo-González, 51–72, John Benjamins, Amsterdam.

Littlemore, Jeannette and Graham Low (2006) *Figurative Thinking and Foreign Language Learning*, Palgrave Macmillan, New York.

Low, Graham (2008) "Metaphor and Education," *The Cambridge Handbook of Metaphor and Thought*, ed. by Raymond W. Gibbs Jr., 212–231, Cambridge University Press, Cambridge.

MacArthur, Fiona (2005) "The Competent Horseman in a Horseless World: Observations on a Conventional Metaphor in Spanish and English," *Metaphor and Symbol* 20(1), 71–94.

文部科学省 (2015)「各試験団体のデータによる CEFR との対照表」〈http://www.mext. go.jp/b_menu/shingi/chousa/shotou/117/shiryo/__icsFiles/afieldfile/2015/11/04/ 1363335_2.pdf〉(アクセス日：2019/02/11)

Piquer-Píriz, Ana Maria (2008) "Reasoning Figuratively in Early EFL: Some Implications for the Development of Vocabulary," *Cognitive Linguistic Approach to Teaching Vocabulary and Phraseology*, ed. by Frank Boers and Seth Lindstromberg, 219–240, Mouton de Gruyter, Berlin.

Skoufaki, Sophia (2005) "Use of Conceptual Metaphors: A Strategy for the Guessing of an Idiom's Meaning?" *Selected Papers on Theoretical and Applied Linguistics from the 16th International Symposium, April 11–13, 2003*, ed. by Marina Mettheoudakis and Angeliki Psaltou-Joycey, 542–556, Aristotle University of Thessaloniki.

Sneesby, Patricia Manjavacas (2009) *A Comparative Study of Metonymies and Metaphors with Hand in English, German and Spanish, within the Framework of Cognitive Linguistics*, Shaker Verlag, Herzogenrath.

Verspoor, Marjolijn and Wander Lowie (2003) "Making Sense of Polysemous Words," *Language Learning* 53(3), 547–586.

Yu, Ning (2009) *From Body to Meaning in Culture: Papers on Cognitive Semantic Studies*, John Benjamins, Amsterdam.

受身標識の文法化に見られる規則性
—主語に向けての移動から受身標識への文法化—

夏　海燕

神奈川大学

1.　はじめに

　一部の言語において，同じ出来事を表すのに，「先生が太郎を呼んだ」「太郎が先生に呼ばれた」のような能動態と受動態の対応が見られる．通常，前者は無標であるのに対して，後者は何らかの標識を持つ有標形式で現れることが多い．本研究では，受動文において，動詞から受身標識への文法化[1]における意味変化の規則性に着目する．主に中国語のデータを中心に〈主語に向けての移動から受身へ〉という文法化に見られる意味変化の方向性を検討する．また，中国語に限らず，韓国語，ベトナム語，ドイツ語などにも類似な現象が見られ，〈主語に向けての移動から受身へ〉という方向性の普遍性を主張する．従来の研究が個別に取り上げてきた現象に，可能な限り多様性を生み出す意味変化の共通性を明らかにする．

2.　中国語の受身標識

　ここでいう中国語の受身標識は，受身文において動詞の直前に位置し，主動詞を導入する助動詞（(1a) の「见 (jian)」など），動作主をマークする動作主マーカー（(1a) の「于 (yu)」など），また両方の機能を持つもの（(1b) の「被 (bei)」など）を合わせて指す意味で使う．

(1) a. <u>见</u>　笑　　于　大方之家.　　b. 李四 <u>被</u>　（张三）　打　了.
　　　见　笑う　于　専門家　　　　　李四 被　（张三）　殴る　完了
　　　（専門家に笑われる.）　　　　　（李四が（张三に）殴られた.）

---

[1] 自立性を持つ内容語が機能語になる変化（Traugott (1982)，Sweetser (1988) など）.

　中国語において，通時的に見ると受身標識は十数語以上ある．そのうち，動詞由来の受身標識は以下のように本動詞の意味によって大きく2種類に分けられる．

　(2)　I.　见，被，吃，着　　　　　　　II.　教，让，给

興味深いことに，I類は本動詞の際に〈主語に向けての移動〉義を持つのに対して，IIは基本〈主語から遠ざかる移動〉という対照的な意味を持つ．

　II類の「让」などは使役標識と受身標識を兼ね，それぞれ使役文の被使役者，受身文の動作主マーカーとして機能する．〈与える〉や〈指令〉が元の意味だとされ，文法化のプロセスについては，GIVE > CAUSATIVE > PASSIVE（授与動詞 > 使役文の被使役者マーカー > 受身文の動作主マーカー），つまり，動詞から許容使役文の使役標識（被使役者マーカー）へ文法化し，更に文法化が進み受身標識になるという文法化の方向性[2]に多くの研究者の関心が集中しており，記述・分析が蓄積されてきた（太田（1958），徐丹（1992），Hashimoto（1988），蒋绍愚（2002），江蓝生（2000），木村（2003, 2008）等）．

　鷲尾（2005）においても，使役構文が受動表現としても用いられることは，モンゴル語，韓国語，フランス語，英語など，言語の系統や類型とは無関係に観察されるため，人間の言語には常に許されている選択肢であると述べられている．[3]

　一方，I類の「见，被，吃，着」に関しては，個別に検討されることが多く，なぜこれらの動詞が受身標識になる傾向があるのか，共通性は見られるのか，など未解決の問題が多い．本研究はこれらの受身標識に焦点を当て，多言語のデータに基づき，動詞から受身標識への意味変化に見られる方向性を通言語的に確かめたい．

---

　[2] 木村・楊（2008）では，北京語などの方言において，「給」は許容使役文の被使役者マーカーとしての機能がないのにも関わらず，受動文動作主マーカーとして機能している．そのため，北京語の「給」に関しては，「授与動詞 > 授与目標マーカー → 受益者（＝動作誘発者）マーカー → 受動文動作主（＝状況誘発者）マーカー」（> を文法化，→ は拡張を表す）という経路を想定している．
　[3] CAUSATIVE から PASSIVE への意味変化について，Keenan（1985）や Haspelmath（1990）をはじめ，通言語的なデータに基づいた議論が挙げられる．

2.2.　本動詞の意味分析

　I類受身標識について，これまで個別に扱う研究が多い中で，「遭遇類動詞」[4]
由来受身標識（石（2006）），「取得類動詞」（徐丹（2005））という括りで議論
する研究が挙げられる．本研究と立場が近い徐丹（2005）では，「被」「見」
「吃」を挙げ，今まで言われてきた「遭遇類動詞」は実は〈取得〉義の動詞であ
るとし，中国語において，〈取得〉という意味を持つ動詞の多くは受身標識に
発展したと指摘している．

　Bybee et al. (1994) は「起点領域決定仮説（source determination hypothe-
sis）」，つまり，語彙項目から文法項目へと文法化する際，語彙項目の意味は
文法化の進む軌道，及び文法化の結果としての文法項目の意味を決定するとい
う仮説を提示し，何を文法化の起点領域とするかは偶発的ではなく，一定の必
然性と方向性が見られると主張している．本研究では，これらの受身標識の本
動詞の基本義に着目し，検証を行いたい．

　「見，被，吃，着」の基本義をひとつずつ見ていこう．「見」は視覚動詞で，
視覚動詞として使用される際に，「主体的視覚」と「受容的視覚」の両方，つま
り，動作主から対象物への働きかけと対象物が動作主の視野に入る虚構移動と
いう両方向性，または事物が自ずと視野に入ってくるという一方向性を持つ．[5]

　「被」と「着」は着衣動詞で，「着」は〈［衣類を］体に身につける〉義の動詞
である．「被」は元々〈布団〉義の名詞で，のち動詞として，〈［衣類などを］体
に身につける〉や〈覆う〉義で使用される．

　「吃」は摂食動詞となり，基本は〈［主に固体状の食物を］口に入れ，かんで喉
を通して体内に送り込む〉の意味で，薬やガムなどを目的語に取ることもある．

　着衣の「被」と「着」，摂食の「吃」，知覚の「見」をイメージ・スキーマで表
現すると，以下の通りになる（夏（2017））．[6]

---

[4]「遭遇動詞」の定義は見られないが，主に〈思いかげなく，不利なことが起こったり，望ま
しくない状況に出会ったりする〉という意味で使用されている．中国語では，「遭遇」という
単語自体も不利益な場合に限って使われる．

[5]知覚には，外部の波長刺激や化学物質の刺激を取り入れようという経験者から対象へのメ
ンタルコンタクト（mental contact），そして対象から経験者への刺激（stimulus）という両面
性を備えている（cf. Gruber (1969), Lakoff (1993), Kemmer (1993), 谷口（2005））．

[6]実線の円は動作主，点線の円は動作主の領域を表す．□は移動物を，白抜き矢印は対象に
対する動作主の働きかけを，そして実線の矢印は移動の経路を表している．各図の a, b, c は
それぞれ対象物への動作主の働きかけ，対象物の移動，および結果状態を表している．

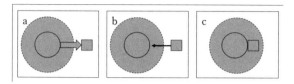

図1.　着衣のイメージ・スキーマ

動作主が衣類に働きかけ，動作主の身体を着点に，衣類などの事物を移動させる．その結果，衣類は動作主の身体に付着する．

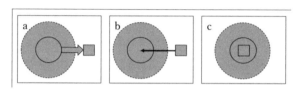

図2.　摂食のイメージ・スキーマ

動作主が飲食物に働きかけ，飲食物を動作主の体の一部である口に入れる．目に見える移動の着点は動作主の体の一部である口までであるが，実際の飲食物はさらに体内に移動している．

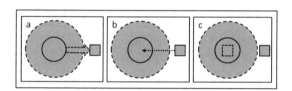

図3.　知覚のイメージ・スキーマ

知覚の場合，動作主の意図と関係なく映像や音の刺激が入ってくる場合もあるため，動作主による対象物に対する働きかけは実線ではなく点線で表している．さらに，物理的な移動がないということから，移動の経路と映像は点線で表してある．光や音，そして匂いなどの刺激を発する事物は元の場所に残る．

　上記イメージ・スキーマから分るように，a段階においてまだ動作主の身体・領域外にある（いる）事物は，使役移動によって，c段階で動作主の身体・領域に入ってきているという共通した意味が観察される．つまり，「見，被，吃，着」の基本義に共通して，〈主語に向けての移動〉という意味が見られる．本研究では，中国語において，〈主語に向けての移動〉義を持つ動詞が〈受身〉へと意味変化するという傾向があると主張する．

3.　多言語のデータ

〈主語に向けての移動〉義を持つ動詞が受身標識に文法化する，または受身
の意味を表すようになる言語は中国語の他にも観察できる.

3.1.　フランス語の受身標識

フランス語において，受身を表現するのに，「être＋過去分詞」という構文以
外に，視覚動詞の voir を用いる受動表現も存在する (Heine and Kuteva
(2002) など). 瀬賀 (1994) において，voir の非動作主性を指摘し，「視覚で
対象をとらえる」と「対象の方から主体の視界に入ってくる」という視覚の両
面性に関して，voir は知覚主体の意図に関わらず，対象の方から知覚主体の
視野に入ってきたときに「見える」という事態を表すとしている.

3.2.　ベトナム語の受身標識

ベトナム語では，主に動詞 được と bị を用いて受身文を表す. 主語または
話者から見て，好ましい場合は được を，被害を感じる場合は bị というよう
に使い分けられる (三上 (1989)，川口 (2009) など). được と bị は中国語か
らの借用語で，漢字で bị は「被」，được は「得」と表記し，両方とも〈主語に
向けての移動〉義を持つ. 中国語の「被」と同じように，動詞または動作主の
前に位置し，主動詞を導入する機能，または動作主をマークする機能を持つ.
「被動作主＋được/ bị（＋動作主）＋動詞」が基本的な構文になる.

(3) a.　Mẹ mắng tôi　　b.　Tôi bị　 (mẹ) mắng.
　　　　母　叱る 私　　　　　　私　PASS 母　叱る
　　　　（母が私を叱る.）　　　　（私は（母に）叱られた.）

(4) a.　Mẹ khen　 tôi　　b.　Tôi được (mẹ) khen.
　　　　母　褒める 私　　　　　　私　PASS 母　褒める
　　　　（母が私を褒める.）　　　　（私は（母に）褒められた.）

3.3.　韓国語の受身標識

韓国語において，日本語の漢語サ変動詞に該当する hata 動詞に後続して，
受動を作る接尾辞として，toita, tanghata, patta の3つがある. そのうち，
patta は日本語の「もらう」に相当する動詞で，(5) のように，〈人に頼んで，
[ほしい物を] 手に入れる〉または〈人から [物を] 受ける〉という意味を持つ

動詞である．patta は文法化し，(6) や (7) のように，〈～される〉という受身の意味を表す接尾辞の機能を果たすようになり，外部からの影響が（主語に）及ぶという意味合いを持つ場合に使われる傾向がある．許 (2004) は，patta が受身を表すのは個別的に受動の意味を表すのではなく，規則的かつ生産的に受動文を作ることができると指摘している．

(5) a. thip-ul　　　patta　　b. kong-ul　　　patta
　　　チップ-ACC patta　　　　ボール-ACC patta
　　　（チップをもらう）　　　　（ボールを受け取る）

(6) a. sokay-hata　　　　　b. sokay-patta
　　　紹介-hata　　　　　　　紹介-patta
　　　（紹介する）　　　　　　（紹介される）　　（生越 (2008: 157)）

(7) a. kwucey-patta b. hyeppak-patta c. wian-patta d. uysim-patta
　　　救済-patta　　　脅迫-patta　　　慰め-patta　　疑い-patta
　　　（救済される）　　（脅迫される）　　（慰めてもらう）　（疑われる）

3.4.　ドイツ語の受身標識

　ゲルマン語派のドイツ語においては，受動態を表すのに，基本の「過去分詞＋werden」という組み合わせのほかに，「bekommen＋過去分詞」「erhalten＋過去分詞」「kriegen＋過去分詞」で受動の意味を表すこともできる．bekommen, erhalten, kriegen の 3 つとも本動詞としては，〈受け取る，もらう〉という意味を持っている．大園 (1997) は受容物が主語（受容者）への具体的もしくは抽象的移動を表し，bekommen 構文の主語が受動的な受容者であると述べている．

　仁科 (2001) においては，werden と過去分詞によって構成される受身文は，直接目的語が主語に転換し，動作主は斜格目的語に変わる．その際，間接目的語はそのままで統語機能は変わらない．一方，bekommen と過去分詞による受身文は，能動態で間接目的語であった名詞句が主語に転換する．werden 受身と同様に，動作主が後退するが，直接目的語がその統語機能を変えずにいる．よって，(9) と (10) のように，werden 受身と bekommen 受身は 2 つの統語機能の転換において相補分布の関係になると述べている．

(8) Der　　　Vater schenkte　dem　　　Jungen einen　　　Bal.
　　ART:NOM:M 父　　贈る：PST ART:DAT:M 少年　　ART:ACC:M ボール
　　（父が少年にボールを贈った．）

(9) Ein　　　　Bal　wurde dem　　Jungen geschenkt.
　　ART:NOM:M ボール AUX　ART:DAT:M 少年　　贈る：pp
　　（ボールが少年に贈られた.）

(10) Der　　　　Junge bekam einen　　Bal　geschenkt.
　　ART:NOM:M 少年　AUX　ART:ACC:M ボール 贈る：pp
　　（少年がボールを（贈って）もらった.）　　　（仁科（2001：170））

　Duden（2005）においても，bekommen 受動はもっぱら対格目的語と与格文成分を含む他動詞構文から作られる. そして，与格文成分とは与格に典型的な意味役割（受容者，受益者，所有者）を担うものであり，与格文成分は受動態において主語となるが，一方対格目的語はそのまま保たれると指摘している.[7] これらの文法的特徴は bekommen の基本義にある〈主語に向けての移動〉から来ていると考えられる.

3.5.　英語の受身標識

　同じくゲルマン語派に属する英語には，典型的な「be＋過去分詞」の他に，「get＋過去分詞」という GET 受動も見られる（Siewierska（1984），Haegeman（1985），Givón and Yang（1994）など）.[8] Weiner and Labov（1983）では，*get*-passive への移行は英語でみられる最も活発な文法変化の1つであると指摘している.

(11) a.　John *was killed* in the war.
　　 b.　John *got killed* in an accident.　　　（Haegeman（1985: 53））

4.　語彙的受動表現と受身標識の接点

　日本語において，受動文を作るのに，動作主を「ニ格」でマークし，動詞に「れる／られる」を付加するのが基本である. 一見，〈主語に向けての移動から受身へ〉という意味変化の方向性がないように見えるが，以下のような言語現

---

[7] Dudenredaktion（2005）はドイツ語で書かれた論文であり，ここで引用した内容は須田（2012）による.

[8] GET を用いる受身は，他にも指摘されている. 西スラブおよび南スラブ諸語には，「主格主語＋GET 動詞＋受動態過去分詞＋対格補語（＋副詞句）」という受容者受動構文があると指摘されている（野町（2010）他）. また，ウェールズ語（Haspelmath（1990））やビルマ語にも，GET に相当する動詞が受身文を作ることができる（岡野（2009），倉部（2013）他）.

象を見てもらいたい．

(12) そこで，必要があってメールのアドレスを交換してあった人たちに，
バンクーバーで足止めを食っているということを伝えたのだ．
　　　　　　　　（BCCWJ 沢木耕太郎・『オン・ザ・ボーダー』）

(13) バンクーバーに足止めされた旅行客の数は膨大なものに上るはずだっ
たので，ホテルも取りにくいと思っていたが，意外に簡単にコクブン
氏が見つけてきた．　　　　　　　　　　　　　　　　　　（同上）

(14) たとえば，外国企業と密接すぎると批判を受けていたマサチューセッ
ツ工科大学は1990年代の初め一流大学の中では企業からの資金の比
率がきわめて高いがそれでも15%であり，そのうちの20%が外国企
業である．　　　（BCCWJ 宮田由紀夫・『アメリカの産学連携』）

(15) 元来，日本企業のアメリカへの直接投資は日本の本社からの輸出品の
販売拠点としてのものが多く，付加価値や雇用の創出に貢献していな
いことが批判されていた．　　　　　　　　　　　　　　（同上）

(16) 古田さんの説はこれまでの古代史を根底から覆すものだけに，古代史
学界からは大反発を呼んだ．
　　　　　　　　（BCCWJ 内倉武久・『太宰府は日本の首都だった』）

(17) そのオーナー方針にそって杉下監督が強引な若返りをやってベテラン
勢に猛烈に反発された．（BCCWJ 水本義政・『現代マクベスの幻想』）

「食う」「受ける」「呼ぶ」などの動詞の基本義にも〈主語に向けての移動〉とい
う意味が含まれる．(12)–(17) から分かるように，これらの動詞と目的語の組
み合わせに受身文との平行性が観察される．使用頻度を国立国語研究所「現代
日本語書き言葉均衡コーパス」（BCCWJ）で検索した結果，表1の通りになっ
た．[9] 語彙的受身表現の使用頻度が低いというわけではない．

表1．コーパスにおける受身文及び対応する語彙的受身表現の使用頻度

表現	足止めを食う／食らう	批判を受ける	反発を呼ぶ
使用頻度	27	117	8
表現	足止めされる	批判される	反発される
使用頻度	33	374	15

---

[9] 検索する際に，「足止め／批判／反発」（＋格助詞「を」）＋動詞または「される」の終止形
／連体形，過去形，連用形という形で検索した．動詞の漢字表記，仮名表記両方とも検索対象
にしている．

　日本語における動詞の語彙的特性とヴォイスの類似について，仁田（1982）また村木（1983）や岸本（2010）などが詳しく論じている．村木（1983）では，日本語における動詞の語彙的特性とヴォイスの類似性を探り，「刺激をうける」と「刺激される」などのペアを挙げ，「うける」などは形式上，働き掛けの構造（＝他動文）を取っているが，意味的には受身に近く，これらの表現を「迂言的なうけみ表現」と呼んでいる．

　〈主語に向けての移動〉義を持つ動詞が意味拡張し，受身と類似する機能を獲得するというのは，日本語に限らず，韓国語や中国語などにも見られる（夏（2010, 2017））.[10]

5.　動詞から受身標識への方向性

　本研究では，中国語の「見，被，吃，着」，ベトナム語の được と bị，フランス語の視覚動詞 voir，韓国語の patta，英語の get，ドイツ語の bekommen，erhalten，kriegen，更に日本語の語彙的受身動詞を考察し，これらの受身標識はともに動詞由来で，基本義に〈主語に向けての移動〉という意味が共通して見られることを論じた．

　これまで，受身標識の文法化については，（‘BODY’ NOUN）> REFLEX-IVE > PASSIVE (Kemmer (1993), Faltz (1985), Heine (2000)) や，EAT > PASSIVE (Haspelmath (1990)) といった経路が提案されてきた．また，Heine and Kuteva (2002) は EAT, SEE, GET, SUFFER, REFLEXIVE, FALL, ANTICAUSATIVE (reflexive maker), PERS-PRON などを受身標識の起点領域として挙げている．本研究では，EAT, SEE, DRESS, GET などは〈SUBJECT-DIRECTED MOTION〉の下位意味カテゴリーと想定し，〈主語に向けての移動〉義を持つ動詞が受身標識に文法化する傾向があると考える．ただ，これはあくまでも傾向で，〈主語に向けての移動〉という意味を持つ動詞は必ず受身の意味，または受身標識へ文法化するという規則的なものではない．今後はより多くの言語を考察し，〈主語に向けての移動から受身標識〉という文法化の方向性を検証していきたい．

---
[10] 中国語の語彙的受身について，王（1994），中島（2007）などを参照.

参考文献

Bybee, Joan, Revere Perkins, and William Pagliuca (1994) *The Evolution of Grammar: Tense, Aspect, and Modality in the Languages of the World*, University of Chicago Press, Chicago.

Dudenredaktion, eds. (2005) *Duden: Die Grammatik* 7, Dudenverlag, Mannheim.

Faltz, Leonard (1977) *Reflexivization: A Study in Universal Syntax*, Doctoral dissertation, University of California, Berkeley. [Reprinted in 1985 by Garland.]

Givón, Talmy and Lynne Yang (1994) "The Rise of the English Get-passive," *Voice: Form and Function*, ed. by Barbara Fox and Paul J. Hopper, 119–150, John Benjamins, Amsterdam.

Gruber, Jeffrey (1976) *Lexical Structures in Syntax and Semantics*, North-Holland, Amsterdam.

Haegeman, Liliane (1985) "The *Get*-Passive and Burzio's Generalization," *Lingua* 66, 53–77.

Hashimoto, Mantaro (1988) "The Structure and Typology of the Chinese Passive Construction," *Passive and Voice*, ed. by Masayoshi Shibatani, 329–354, John Benjamins, Amsterdam.

Haspelmath, Martin (1990) "The Grammaticization of Passive Morphology," *Studies in Language* 14, 25–72.

Haspelmath, Martin (1994) "Passive Participles across Languages," *Voice: Form and Function*, ed. by Barbara A. Fox and Paul J. Hopper, 151–177, John Benjamins, Amsterdam.

Heine, Bernd (2000) "Polysemy Involving Reflexive and Reciprocal Markers in African Languages," *Reciprocals: Forms and Functions*, ed. by Zygmunt Frajzyngier and Traci S. Curl, 1–29, John Benjamins, Amsterdam.

Heine, Bernd and Tania Kuteva (2002) *World Lexicon of Grammaticalization*, Cambridge University Press, Cambridge.

許明子 (2004)『日本語と韓国語の受身文の対照研究』ひつじ書房，東京.

江蓝生 (2000)「汉语使役与被动兼用探源」『近代汉语探源』商务印书馆，北京.

蒋绍愚 (2002)「"给"字句，"教"字句表被动的来源――兼谈语法化，类推和功能扩展」『语言学论丛』第 26 辑，159–177，商务印书馆，北京.

川口健一 (2009)「ベトナム語の受身文」『語学研究所論集』第 14 号，211–215，東京外国語大学語学研究所.

Keenan, Edward L. (1985) "Passive in the World's Language," *Language Typology and Syntactic Description*, ed. by Timothy Shopen, 243–281, Cambridge University Press, Cambridge.

Kemmer, Suzanne (1993) *The Middle Voice*, John Benjamins, Amsterdam.

木村英樹 (2003)「中国語のヴォイス」『月刊言語』第 32 巻 4 号，64–69.

木村英樹 (2008)「北京語授与動詞 "給" の文法化——〈授与〉と〈結果〉と〈使役〉の意味的連携」『ヴォイスの対照研究——東アジア諸語からの視点』, 生越直樹・木村英樹・鷲尾龍一 (編), 93-108, くろしお出版, 東京.

木村英樹・楊凱栄 (2008)「授与と受動の構文ネットワーク——中国語授与動詞の文法化に関する方言比較文法試論」『ヴォイスの対照研究——東アジア諸語からの視点』, 生越直樹・木村英樹・鷲尾龍一 (編), 65-91, くろしお出版, 東京.

岸本秀樹 (2010)「受身の意味を表す『受ける』の語彙概念構造」『レキシコンフォーラム』, 第 5 号, 影山太郎 (編), 201-218, ひつじ書房, 東京.

倉部慶太 (2013)「ビルマ語の受動構文」『地球研言語記述論集』第 5 号, 27-71, 総合地球環境学研究所.

Lakoff, George (1993) "The Metaphor System and Its Role in Grammar," *CLS* 29, 217-241.

三上直光 (1989)「インドネシア諸言語におけるいわゆる受動動詞について」『藝文研究』第 54 号, 360-380, 慶應義塾大学.

村木新次郎 (1983)「迂言的なうけみ表現」『研究報告集』第 4 巻, 国立国語研究所.

中島悦子 (1994)『日中対照研究ヴォイス——自・他の対応・受身・使役・可能・自発』おうふう出版, 東京.

仁科陽江 (2001)「受容動詞の文法化——ドイツ語における bekommen 受身と日本語におけるモラウ使役の対照研究」『世界の日本語教育』第 11 号, 167-177.

仁田義雄 (1982)「再帰動詞, 再帰用法——Lexico-Syntax の姿勢から」『日本語教育』第 47 号, 79-90.

岡野賢二 (2009)「ビルマ語の受動表現に関する覚え書き」『語学研究所論集』第 14 号, 125-140, 東京外国語大学語学研究所.

大薗正彦 (1997)「bekommen 構文の意味的展開と bekommen 受動」『ドイツ文學』第 98 巻, 84-95.

太田辰夫 (1958)『中国語歴史文法』江南書院, 東京.

生越直樹 (2008)「現代朝鮮語における様々な自動・受動表現」『ヴォイスの対照研究——東アジア諸語からの視点』, 生越直樹・木村英樹・鷲尾龍一 (編), 155-185, くろしお出版, 東京.

瀬賀正章 (1994)「se voir + Vinf. 構文について」『人文論究』第 43 巻 4 号, 55-66.

石毓智 (2006)『语法化的动因与机制』北京大学出版社, 北京.

Siewierska, Anna (1984) *The Passive: A Comparative Linguistic Analysis*, Croom Helm, London.

須田開朗 (2012)「コーパスを通した bekommen, kriegen, erhalten の助動詞的用法に関する諸考察」『思言——東京外国語大学記述言語学論集』第 7 号, 153-160, 東京外国語大学.

Sweetser, Eve E. (1988) "Grammaticalization and Semantic Bleaching," *BLS* 14, 389-405.

谷口一美 (2003)「類似性と共起性——メタファー写像, アナロジー, プライマリーメタ

ファーをめぐって」『日本認知言語学会論文集』第 3 巻，23-33.

Traugott, Elizabeth (1982) "From Propositional to Textual and Expressive Meanings: Some Semantic-Pragmatic Aspects of Grammaticalization," *Perspectives on Historical Linguistic*, ed. by Winfred P. Lehmanmm and Yakov Malkiel, 245-271, John Benjamins, Amsterdam.

王一平（1994)「从遭受类动词所带宾语的情况看遭受类动词的特点」『语文研究』第 4 期，28-34.

鷲尾龍一（2005)「受動表現の類型と起源について」『日本語文法』第 5 巻 2 号，2-20.

Weiner, Judith E. and William Labov (1983) "Constraints on the Agentless Passive," *Journal of Linguistics* 19, 29-58.

夏海燕（2010)「中国語における語彙的受身動詞と受身標識の接点」『日本中国語学会第 62 回全国大会予稿集』，125-129.

夏海燕（2017)『動詞の意味拡張における方向性 —— 着点動作主動詞の認知言語学的研究』ひつじ書房，東京.

徐丹（1992)《北京话中的语法标记词"给"》《方言》第 1 期，9-11.

徐丹（2005)「某些具有＋给予意义动词的语法化」吴福祥（編)《汉语语法化研究》商务印书馆，北京.

執筆者紹介
(掲載順)

Dan I. Slobin（ダン・アイザック・スローピン）

ハーバード大学認知研究センター修了．カリフォルニア大学バークレー校心理学科・言語学科名誉教授．

【主要業績】　(2017) "Afterword: Typologies and Language Use," *Motion and Space across Languages: Theory and Applications*, ed. by I. Ibarretxe-Antuñano, 419-445, John Benjamins.

(2004) "The Many Ways to Search for a Frog: Linguistic Typology and the Expression of Motion Events," *Relating Events in Narrative, Vol. 2: Typological and Contextual Perspectives*, ed. by S. Strömqvist and L. Verhoeven, 219-257, Lawrence Erlbaum Associates.

吉成祐子（よしなり・ゆうこ）

神戸大学大学院文化学研究科博士課程修了．岐阜大学日本語・日本文化教育センター准教授．

【主要業績】　(2019)「日本語学習者の使役移動表現 INTO 経路概念表出における中間言語的特徴」『社会言語科学』第 22 巻，172-186（共著）.

(2017)「イタリア語の移動表現」『移動表現の類型論』，松本曜（編），189-211，くろしお出版．

Anna Bordilovskaya（ボルジロフスカヤ・アンナ）

神戸大学大学院人文学研究科博士後期課程修了．東京大学大学院総合文化研究科・教養学部付属グローバルコミュニケーション研究センター ALESS/ALESA プログラム特任講師．

【主要業績】　(2018) *Internationalization within Higher Education: Perspectives from Japan*, Springer（共著）.

江口清子（えぐち・きよこ）

神戸大学大学院文化学研究科博士課程修了．宮崎大学国際連携センター特別講師．

【主要業績】　(2017)「ハンガリー語の移動表現」『移動表現の類型論』，松本曜（編），39-64，くろしお出版．

(2015)「イベント統合の類型からみる様態・結果の相補性仮説」『語彙意味論の新たな可能性を探って』，由本陽子・小野尚之（編），328-353，開拓社．

眞野美穂（まの・みほ）

神戸大学大学院文化学研究科博士課程修了．鳴門教育大学学校教育研究科准教授．

【主要業績】 (2019) "Interlingual versus Intralingual Tendencies in Second Language Acquisition: Expressing Motion Events in English, Hungarian and Japanese," *Teachability and Learnability across Languages*, ed. by R. Arntzen, G. Håkansson, A. Hjelde and J. Keßler, 183-204, John Benjamins（共著）.

(2018) "The Effects of the First Language on the Description of Motion Events: Focusing on L2 Japanese Learners of English and Hungarian," *New Perspectives on the Development of Communicative and Related Competence in Foreign Language Education*, ed. by I. Walker, D. K. G. Chan, M. Nagami and C. Bourguignon, 125-156, De Gruyter Mouton（共著）.

高橋清子（たかはし・きよこ）

チュラロンコン大学大学院文学部言語学科博士課程修了．神田外語大学外国語学部アジア言語学科教授．

【主要業績】 (2018) "Deictic Motion Constructions in Japanese and Thai," *The Handbook of Japanese Contrastive Linguistics*, ed. by P. Pardeshi and T. Kageyama, 291-312, Gruyter de Mouton.

(2017) "Mandarin Chinese and Thai Expressions of Caused Motion: Different Caused-Motion Components in Verb-Serializing Languages," *Language and Linguistics in Oceania* 9, 43-69.

森下裕三（もりした・ゆうぞう）

神戸大学大学院人文学研究科博士後期課程修了．環太平洋大学次世代教育学部講師．

【主要業績】 (2015)「複雑述語が関与する使役移動構文について」『英語語法文法研究』第 22 号，151-166.

秋田喜美（あきた・きみ）

神戸大学大学院文化学研究科博士課程修了．名古屋大学大学院人文学研究科准教授．

【主要業績】 (2019) *Ideophones, Mimetics and Expressives*, John Benjamins（共編著）.

(2019) "Ideophones," *Oxford Bibliographies in Linguistics*, ed. by M. Aronoff, Oxford University Press.

陳奕廷（ちん・えきてい）

神戸大学大学院人文学研究科博士後期課程修了．東京農工大学工学研究院言語文化科学部門講師．

【主要業績】 (2018)『日本語語彙的複合動詞の意味と体系——コンストラクション形

態論とフレーム意味論』ひつじ書房（共著）.

(2016). "A Frame-Semantic Approach to Verb-Verb Compound Verbs in Japanese: A Case Study of -*Toru*," *BLS* 39, 16-30.

中嶌浩貴（なかじま・ひろたか）

神戸大学大学院人文学研究科博士課程後期課程修了. 三重大学人文学部特任講師.

【主要業績】　(2018) "Metaphor and Metonymy in Denominal Verbs in English: A Corpus-Based Case Study of Animal Verbs," *KLS* 38, 121-132.

(2013)「英語名詞由来動詞に関するフレーム意味論的考察」『日本認知言語学会論文集』第 13 巻, 285-296.

鈴木幸平（すずき・こうへい）

神戸大学大学院文化学研究科博士後期課程修了. 関西看護医療大学看護学部講師.

【主要業績】　(2016) "Duality in Temporal Metaphor: An Investigation of Japanese," *KLS* 36, 49-60.

(2010)『意味拡張における語と概念の関係』博士論文, 神戸大学.

篠原和子（しのはら・かずこ）

国際基督教大学大学院教育学研究科博士後期課程修了. 東京農工大学教授.

【主要業績】　(2013)『オノマトペ研究の射程』ひつじ書房（共編著）.

(2011) "The More in Front, the Later: The Role of Positional Terms in Time Metaphors," *Journal of Pragmatics* 43, 749–758（共著）.

松中義大（まつなか・よしひろ）

国際基督教大学大学院教育学研究科博士後期課程満期退学. 東京工芸大学芸術学部教授.

【主要業績】　(2009) "Pictorial Metaphors of Emotion in Japanese Comics," *Multimodal Metaphor*, ed. by C. Forceville and E. Urios-Aparisi, 265-293, Mouton de Gruyter（共著）.

(2008)「日本語の接続助詞に関する考察──『うち』『なか』を中心に」『ことば・空間・身体』, 篠原和子・片岡邦好（編）, 151-178, ひつじ書房.

加藤祥（かとう・さち）

神戸大学大学院人文学研究科博士後期課程修了. 人間文化研究機構国立国語研究所非常勤研究員.

【主要業績】　(2019)「分類語彙表番号を付与した『現代日本語書き言葉均衡コーパス』の書籍・雑誌・新聞データ」『日本語の研究』第 15 巻, 134-141（共著）.

(2018)「隠喩と直喩の違いは何か──用例に見る隠喩と直喩の使い分けから」『認知言

語学研究』第 3 巻，1-22.

有薗智美（ありぞの・さとみ）

名古屋大学大学院国際言語文化研究科博士後期課程修了．名古屋学院大学外国語学部准教授．

【主要業績】　(2019)「日本語母語話者による英語メトニミー表現解釈における知識と文脈の役割」『認知言語学を紡ぐ』，森雄一・西村義樹・長谷川明日香（編），3-24，くろしお出版．

(2018) "The Interpretation of Metonymy by Japanese Learners of English," *Applying Cognitive Linguistics: Figurative Language in Use, Constructions and Typology*, ed. by A. M. Piquer-Píriz and R. Alejo-González, 51-72, John Benjamins（共著）．

夏海燕（か・かいえん）

神戸大学大学院人文学研究科博士後期課程修了．神奈川大学外国語学部特任准教授．

【主要業績】　(2017)『動詞の意味拡張における方向性 ── 着点動作主動詞の認知言語学的研究』ひつじ書房．

(2015)『日汉对比语言学』（日中対照言語学）中国南開大学出版社（共著）．

別記：松本曜教授還暦記念論文集刊行会

當野能之（代表）
鈴木幸平
秋田喜美
森下裕三

認知言語学の羽ばたき

―実証性の高い言語研究を目指して―

ISBN978-4-7589-2284-5　C3080

編　者	松本曜教授還暦記念論文集刊行会　［別記］
発行者	武村哲司
印刷所	日之出印刷株式会社

2020 年 3 月 26 日　第 1 版第 1 刷発行Ⓒ

発行所	株式会社　開 拓 社	〒113-0023 東京都文京区向丘 1-5-2 電話　（03）　5842-8900　（代表） 振替　00160-8-39587 http://www.kaitakusha.co.jp